Aqua Vitae

EIN LITERARISCHES WHISKY-TASTING

Die Autoren: Holger Bodag, Gudrun Büchler, Gaby Cadera, Arno Endler, Olga Felicis, Karen Grol, Thomas Hocke, Michael Höfler, Angela Hüsgen, Reinhart Hummel, Bernd Kühn, Armena Kühne, Sven Christian Lennard, Markus Niebios, Kai Riedemann, Elke Schleich, Boris Schneider, Inken Weiand, Lisa Weichart, Fenna Williams, Peter Wobbe, Michael Zeidler.

Herausgegeben von Karen Grol und Angelika Brox.

Aqua Vitae

Ein literarisches Whisky-Tasting

STORIES & FRIENDS

www.stories-and-friends.de

ISBN 978-3-942181-77-8
© STORIES & FRIENDS Verlag – 2009, 2011, 2014
Alle Rechte vorbehalten
3. überarbeitete Auflage – 2014

Herausgeber: Karen Grol, Angelika Brox
Umschlagmotive: © Degenhard Langner, Gregor Buir (Fotolia.com)
Umschlaggestaltung und Satz: STORIES & FRIENDS Verlag
Illustrationen: © Degenhard Langner
Druck und Bindung: CPI Group, Leck

Whisky ist nicht gleich Whisky, sogar die Schreibweise unterscheidet sich von Land zu Land. In Irland und den USA heißt er Whiskey, in Schottland fehlt das »e«. Dieses Buch orientiert sich hinsichtlich der Schreibweise an diesen regionalen Gepflogenheiten.

»Ich verstehe nicht, weshalb man so viel Wesens um die Technik des Komödienschreibens macht. Man braucht doch nur die Feder in ein Whisky-Glas zu tauchen.«

OSCAR WILDE

INHALT

WHISKY HÜTET GEHEIMNISSE

WHISKY SCHAFFT BEGEGNUNGEN

WHISKY MACHT KLÜGER

»Man muss dem Leben immer um mindestens einen Whisky voraus sein.«

HUMPHREY BOGART

WHISKY IST LEBENSART

Der perfekte Augenblick

Markus Niebios

Piloten bemühen sich immer, das Beste aus den Umständen zu machen. Ich fliege keinen der großen Vögel. Diese Thrombosebomber sind mir zuwider. Wer will schon Zivilisationsmüde zu Betonburgen befördern, die sich von den Plattenbauten daheim nur dadurch unterscheiden, dass die Toilette Meeresgröße besitzt. Nein, ich verdiene mein Geld lieber mit einer Cessna in der Südsee beim Inselhopping.

Die Hoffnung, den perfekten Augenblick zu erleben, beherrscht mein Leben bereits seit Jahrzehnten. Heute könnte es vielleicht endlich klappen. Die wunderbare Umgebung berauscht mich. Der Idealzustand menschlicher Existenz ist die Aneinanderreihung unendlich vieler Glücksmomente. Man sollte ihn schrittweise herbeiführen. Was unvermeidlich dazugehört, ist ein umwerfendes Panorama. Dafür wäre gesorgt. Wenn ich direkt nach Westen schaue, ist die Cessna nicht mehr im Blickfeld. Ihr Heck lugt aus der Lagune wie die Schwanzflosse eines Wals. Einen Teil des türkisfarbenen Meeres sehe ich trotzdem noch, und das Geräusch der an den Sandstrand brechenden Wellen in Verbindung mit den wärmenden Strahlen der Nachmittagssonne auf meiner Haut lässt mich zufrieden aufseufzen und die Augen schließen.

»Sie hätten die Tankanzeige vorher kontrollieren müssen!«

Die nörgelige Stimme gehört Señor Hernandez. Ich verfluche ihn kurz und öffne meine Augen. Die Schrammen in seinem Gesicht beginnen schon zu verkrusten. Er plumpst neben mir in den Sand und versucht sich mit einem albernen Strohhut vor der Sonne zu schützen. Der Sombrero passt ausgezeichnet zu seinem mexikanischen Schnurrbartgesicht, steht aber auf Kriegsfuß mit dem Armani-Anzug, obwohl der seit dem Salzwasserkontakt ziemlich mitgenommen aussieht. Der ganze Mensch wirkt bis auf den Hut deplatziert. Ich trage lediglich meine Bermudas.

»Das hätte nichts genutzt«, antworte ich.

»Ach, und wieso nicht?«

»Die Anzeige ist kaputt. Gute Piloten haben den Tankstand ihres Flugzeugs im Urin.«

»Dann wären Sie vor dem Start besser nicht aufs Pissoir gegangen.«

»Ich war groß.«

»Meine Bemerkung sollte Ihnen nur vermitteln, dass Sie augenscheinlich kein guter Pilot sind.«

»Kein anderer hätte Sie ohne Treibstoff heil da runtergebracht.«

»Ob ich nun beim Aufprall sterbe oder auf dieser Sandbank verhungere, ist ja wohl – Entschuldigung – scheißegal!«

»Sie werden nach uns suchen. Der Zyklon hat die Maschine zwar ziemlich weit vom Kurs abgebracht, aber irgendwann werden sie uns finden.«

»Zwei Gerippe werden sie finden, und die Fingerknochen des einen werden den Hals des anderen umklammern.«

»Mein lieber Señor Hernandez, ich kann unsere Probleme nur lösen, wenn Sie mich nicht in meiner Konzentration stören. Setzen Sie sich wieder unter die Palme. Da ist es schattiger.«

Es hat sich wohl in Mexiko noch nicht herumgesprochen, dass jedes Jahr mehr Menschen von Kokosnüssen erschlagen werden als von Haien gefressen. Auf jeden Fall schiebt er ab.

Die Reflexe des Lagunenwassers und das Geräusch der Brandung beruhigen mich. Eine leichte Brise kühlt meine Haut, die Palmwedel schaukeln sanft und meine Zehen graben sich in den angenehm temperierten Sand. Oh wohlige Zufriedenheit. Hinter dem Riff erstreckt sich die Südsee bis zum Horizont. Diese Ruhe! Diese himmlische Ruhe! Hunderte von Kilometern im Umkreis ist absolut nichts. Kein Bürokram, kein Terminstress und wie es scheint, bleibt das auch erst einmal so.

Ich öffne die Kiste im Sand neben mir und hole eine der ungewöhnlich geformten Whiskyflaschen heraus. Sie sehen aus wie langgezogene Pyramiden. Über einem stilisierten Hirschkopf und dem Schriftzug *The Dalmore* ist eine goldene Fünfzig in eleganten Ziffern in das Kristallglas graviert. Sollte diese Zahl das Alter der Köstlichkeit angeben, wartet eine Schatztruhe auf Plünderung. Auch die exquisite Verpackung lässt darauf schließen, dass es sich um einen außergewöhnlich wertvollen Tropfen handeln muss.

»Sie werden doch jetzt wohl keinen Alkohol trinken, oder was ist das?«

Da ist die mexikanische Nervensäge wieder.

»Wo haben Sie den überhaupt her?«

»Mein Unternehmen transportiert nicht nur exklusive Fluggäste wie Sie, Señor Hernandez, sondern auch hochwertiges Frachtgut. Unter diesen Umständen wird der Absender kaum auf einer Zustellung bestehen. Die Flaschen könnten ja genauso gut beim Absturz entzwei gegangen sein.«

»Das ist Mundraub!«

»Ich denke da an etwas anderes. Wir sollten Holz

sammeln, um ein Signalfeuer anzuzünden. Der Whisky wird unser Brandbeschleuniger sein.«

Die Aussicht auf baldige Rettung verleiht Señor Hernandez Flügel und lässt ihn seine moralischen Bedenken über Bord werfen.

Während mein Passagier brauchbares Material sucht, versenke ich mich wieder in die paradiesische Vollkommenheit des Eilands, um den perfekten Augenblick herbeizuführen. Die Flasche liegt gut in der Hand. Bei dieser Sonneneinstrahlung kommt das herrliche Bernsteinrot des Getränks ausgezeichnet zur Geltung. Meine Finger fahren über die silberfarbene Verschlusskugel. Langsam, aber unerbittlich ziehe ich sie zu mir. Das Geräusch des Korkens beim Verlassen des Flaschenhalses verheißt Glückseligkeit.

Ich schließe die Augen und rieche den aufsteigenden Duft von Rumbutter und Heidekraut. Meine aufgesprungenen Lippen empfangen das Glas, umschließen es, und mit der samtig-weichen Flüssigkeit strömen Aromen von Malz und Sherry in die Mundhöhle. Goldene Wärme fließt die Kehle hinab, kleidet den Magen aus und umhüllt ihn mit Entzücken.

Wonne pulsiert im Unterleib und wird zu einem konzentrierten Kribbeln im Rückenmark, das langsam nach oben steigt, um unter der Schädeldecke eine Endorphinexplosion auszulösen. Mit geöffnetem Mund erwarte ich die Ankunft des perfekten Momentes. Aber noch bevor der Glücksexpress den Nacken passiert, ertönt ein langgezogener Schrei.

Señor Hernandez springt auf dem Strand herum wie Rumpelstilzchen, reißt sich sein Hemd vom Körper und schwenkt es über dem Sombrero. Am Horizont ist der Aufbau eines Containerschiffes auszumachen.

Ich beschließe diese Flasche zu opfern, hole aus und werfe. Auf eine Schramme mehr oder weniger kommt es bei Señor Hernandez' Kopf nicht an.

Roots

Peter Wobbe

Jens kurvte mit seinem gemieteten Range Rover durch die Highlands. Die braunen Moore, grünen Hügel und langhaarigen Rinder registrierte er kaum, denn noch immer beschäftigte ihn der Streit mit Katja. Heute morgen beim Frühstück hatte sie ihm vorgeworfen, dass er sogar im Urlaub nicht ohne Laptop und Handy auskommen könne, und nach einem heftigen Wortwechsel hatte sie sich entschieden, allein einen Stadtbummel durch Inverness zu machen.

Er nahm die nächste Ausfahrt der A9 und preschte die Nebenstraße hoch in Richtung der Cairngorms, die graugrün am Horizont aufragten.

Auf dem Rücksitz klingelte das Handy. Jens drehte sich um, fischte es aus der Innentasche seiner Jacke und schaute auf das Display. Wieder die Firma! Lief denn nichts ohne ihn? Als er wieder nach vorn blickte, raste ein Schatten auf ihn zu. Im letzten Moment riss er das

Lenkrad zur Seite und brauste knapp an einem Einheimischen vorbei, der ein schwarzgesichtiges Mutterschaf mit Lamm am Straßenrand entlangtrieb. Im Rückspiegel sah er, wie der Mann ihm mit einem Stock drohte.

An der nächsten Wegkreuzung brachte Jens den Wagen zum Stehen. Sein Herz hämmerte. Aus der Seitentasche fingerte er eine Zigarette, steckte sie an und machte ein paar hastige Züge. Sein Blick fiel auf einen Steinhaufen, in dem ein verwittertes Holzschild steckte: *Erchy's Whisky*. Einen Whisky zur Beruhigung könnte er jetzt gebrauchen!

Er bog in den Schotterweg ein, der ihn langsam bergauf leitete, vorbei an windschiefen Kiefern und welliger Heidelandschaft, bis sich plötzlich hinter dem Hügelkamm ein weites Tal öffnete. Jens hielt an, überwältigt von dem Bild, das sich ihm bot. Inmitten violetter Heidekrautmatten und grüner Grasflächen glitzerte ein Gebirgsbach im Sonnenlicht. Der Weg schlängelte sich hangabwärts, führte über eine Holzbrücke und endete in einem alten Croft: ein Steinhaus mit Schuppen, ein kleiner Acker, ein paar Hühner und Schafe. Nur das Plätschern des Baches war zu hören. Jens ließ den Rover hinabrollen, hielt vor der Brücke und stieg aus. Neben der Haustür saß auf einer Bank ein Mann mittleren Alters in verschlissenem blauem Overall und döste. Seine Stiefel hatte er ausgezogen; einer lag zu seinen Füßen, der zweite einige Schritte entfernt auf dem Hof. Ein

Cairn-Terrier hockte davor und sah mit aufgerichteten Ohren zu Jens herüber.

Jens schnappte sich seine Jacke und warf die Wagentür zu. Der Mann schreckte auf und runzelte unwillig die Stirn. Jens ging auf den Hund zu, kraulte ihn mit der einen Hand, hob mit der anderen den Stiefel auf und überreichte ihn lächelnd dem Crofter.

»Bin ich hier richtig bei Erchy's Whisky?«, fragte er in seinem Oxford-Englisch.

Die Stirnfalten des Schotten glätteten sich. »Kein Engländer?!«

»Nein, Deutscher.«

Erchy erhob sich und winkte auffordernd. Neugierig folgte Jens ihm zum Schuppen. Als er eintrat, hüllte ihn eine Wolke von Alkoholdunst und säuerlichem Gerstengeruch ein. Er erkannte eine altertümliche Destille, deren Kupfer matt schimmerte, einen Gärbottich und an einer Wand aufgeschichtete Holzfässchen.

Unter dem Fenster lag auf einem hölzernen Bock eine Ballonflasche mit Zapfhahn. In der goldgelben Flüssigkeit schwebten bizarr verästelte Wurzeln; der Anblick erinnerte an ein Aquarium voller Korallen.

»Whisky?«, fragte er verwundert.

»Aye«, sagte der Crofter so stolz, als hätte er eine Edelmarke im Angebot.

»Von einem Wurzelwhisky habe ich noch nie gehört. Darf ich den mal probieren?«

Mit ruhigen Bewegungen zapfte Erchy je einen Daumenbreit in zwei Gläser. Sie prosteten sich zu.

»Sláinte.«

»Sláinte.«

Jens schnupperte. Es roch sehr alkoholisch, herb und erdig. Beim ersten Schluck biss sich der Hochprozentige wie ein Terrier in seiner Kehle fest und ließ ihn nach Luft schnappen.

Erchy grinste breit und schüttete ihm aus einem Kanister einen Schuss Wasser ins Glas. Der zweite Schluck war sanfter, der Wurzelgeschmack spielte mit Lippe, Zunge und Gaumen. Von diesem Erdsaft würde Jens gerne einen Vorrat mit nach Hause nehmen. Er nickte anerkennend.

Erchy füllte die Gläser auf. Sie gingen nach draußen und setzten sich auf die Bank.

Jens machte mit dem Arm eine weit ausholende Bewegung und sagte: »Wissen Sie eigentlich, dass Sie hier eine Goldgrube haben? In dieser traumhaften Lage, mit diesem einzigartigen Wurzelwhisky!«

»Aye«, antwortete der Crofter nur.

»Ich bin Unternehmensberater und kenne mich aus. Sie könnten richtig reich werden!«

»Aye.«

Der Mann schien nicht sehr beeindruckt zu sein. Solche schwierigen Kunden kannte Jens aus seinem Job. Jetzt hieß es am Ball bleiben, überzeugen!

»Kluge Investitionen, gezielte Werbung – und Busladungen kauffreudiger Whiskyliebhaber würden Ihren Hof besuchen!«

Erchy nickte bedächtig.

Warum blieb dieser Mensch derart gelassen? Verstand er nicht, welche Möglichkeiten sich ihm boten?

»Sie könnten einen Imbiss eröffnen, Scones und Haferkuchen verkaufen, weiter vergrößern, Übernachtungen anbieten, Seminare abhalten, Ihren Whisky exportieren ...« Jens saß nur noch zu einem Achtel mit seinem Gesäß auf der Bank. »Und wissen Sie, was dann passiert?«

Erchy schüttelte den Kopf.

»Sie würden Angestellte haben, die für Sie alle Arbeit erledigen!«

»Aye.«

Jens war so begeistert, als würde er sich selbst einen Traum erfüllen. »Sie könnten den lieben Gott einen guten Mann sein lassen, ein geruhsames Leben führen, mit einem Glas Whisky in der Sonne sitzen und die Aussicht auf dieses wunderschöne Tal genießen.«

Erchy trank einen Schluck, dann ließ er seinen Blick über den Bach, die Wiesen und blühenden Hänge bis hinüber zur Bergkette der Cairngorms und zur Spitze des Ben Macdhui schweifen, und seine Augen blitzten.

»Das kann ich doch jetzt schon. – Bei uns sagt man: Nicht einmal Schafe springen höher, als sie müssen.«

Miese Zeiten

Reinhart Hummel

Als ich ihn das erste Mal sah, lag er am Boden. Neben ihm Matsch aus Glassplittern und Marmelade. Sein Gleichgewicht war dahin.

Sie hatten ihm das rechte Bein amputiert und ihn in einem Rollstuhl nach Hause geschickt. Er musste damit klarkommen. Ich sollte ihm dabei helfen. Doch er war stinksauer auf alles, was sich auf mehr als einem Bein fortbewegte. Ameisen zerquetschte er. Fliegen riss er Flügel und Beine aus, wenn er sie erwischte. Mich hätte er am liebsten auch zurechtgestutzt. Weil ich es ihm nicht leicht machte, zischte er bei jeder Gelegenheit, wie verflucht ungerecht das Leben sei, wie verdammt einfach für diejenigen mit zwei Beinen, wie beschissen für ihn.

Einwände schmiss er weg. »Halt bloß die Klappe, hast ja keine Ahnung, du mit deinen zwei. Ihr alle mit euren Beinen.«

»Aber Alex, du lernst wieder gehen mit einer Prothese ...«

»Ach, das Gesülze. Spar dir deinen Sauerstoff. Prothese. Wenn ich das schon hör. Die Frauen lachen sich krank und ich krieg keinen mehr hoch. Komm, vergiss es.«

Ich schämte mich dafür, dass ich zwei hatte. Und ich hatte die Schnauze voll von seinem Geschwafel. Entweder ich fand einen Weg zu ihm oder ich ließ ihn hocken für immer.

Zum scharfen Eck stand an der Tür. Dahinter Dunst und Dunkelheit.

»Was soll's 'n sein?« Die Stimme des Wirts war so rauchig wie die Luft in der schmuddeligen Kneipe.

»Was zum Mitnehmen.« Ich sah die einbeinige Fliege noch vor mir.

»Sehr witzig. So präzise wollt ich's nich wiss'n.«

»Äh ... ich ... eine Flasche, meine ich natürlich.« Ich sah, wie die Fliege sich um sich selbst drehte.

»Und was bitte soll in der Flasche sein? Schampus? Bier? Schnaps?«

Wie verrückt, wie ein Kreisel. Ein Flügel surrte dabei.

»Na, halt was Anständiges.«

Bis sie erschöpft auf den Rücken fiel und ihr Bein noch einmal in der Luft zuckte.

»Und was zum Rauchen.«

Er wickelte eine Flasche in Zeitungspapier und schob sie mit einer Stange Marlboro gegen ein paar Scheine herüber.

Ich keuchte enorm, als ich oben in Alex' Altstadtwohnung ankam, und knallte ihm die Flasche auf den Couchtisch. Wie wollte er das verdammte Treppenhaus jemals mit einem Bein schaffen? Die Fliege in meinem Kopf rotierte.

»Entweder wir kriegen das jetzt gebacken oder du siehst mich nie wieder.« Ich warf ihm eine Marlboro zu und steckte mir selbst eine ins Gesicht, obwohl ich längst nicht mehr rauchte. »Dein beschissenes Selbstmitleid geht mir auf den Geist. Ich kann nichts dafür, dass sie dir dein Bein weggemacht haben. Auch nichts für den verfluchten Unfall.«

Sein Blick sollte vermutlich cool wirken. Rauch war zwischen uns. Ein Lid zuckte. Die Fliege hinter meiner Stirn lag auf dem Rücken und das einzige Bein zitterte. Alex sagte kein Wort.

Ich riss ein Stück Zeitung ab und legte den Hals frei, öffnete die Flasche und schenkte zwei Gläser halb voll.

»Da, nimm, verdammt. Vielleicht sickert endlich Vernunft in dein Hirn und du kapierst, dass das Leben weitergeht, ob auf einem oder auf zweien.«

Wir tranken. Ich wusste nicht, was, aber es schmeckte klasse. Er starrte vor sich hin, rauchte, nahm einen Schluck. Dann wieder einen Zug.

»Mm. Johnnie Walker. Ein Gold Label. Recht in die Tasche gegriffen für einen Krüppel. Ein Jim Beam hätt's auch getan.«

Ich kapierte schlagartig. Der Typ hatte Ahnung. Sein Gejammere interessierte mich jetzt nicht. Wie ein Bekloppter rannte ich die Treppe wieder hinunter, über die Straße rüber ins *Scharfe Eck*.

»Noch eine, nein zwei, besser drei Flaschen. Kleine, verschiedene Marken oder Länder, Hersteller. Was weiß ich.«

»Oha. Ein ganz schneller. Na ja, wer's nötig hat, hat's nötig.« Der Wirt kramte unter der Theke. Schlurfte nach hinten und kam mit einer Blechkiste zurück. »Mehr gibt's nich'.«

Ich griff hinein. Genau das brauchte ich. Und Alex.

Die Treppe zurück mit der Kiste unter dem Arm war eine Zumutung. Ich schnappte nach Luft. In seiner Küche wickelte ich die Fläschchen in Zeitungspapier und stellte sie in einer Reihe vor ihm auf. Zu jedem ein Glas.

»Was soll das denn?« Misstrauisch sah er mir zu. »Willst mich abfüllen, was? Bis ich zwei Beine statt einem sehe. Schon durchschaut.«

»Los, nimm einen Schluck!« Ich schenkte ihm einen winzigen ein. »Und sag mir, was das ist!«

»Für was soll das gut sein?«

»Mach einfach!« In meinem Kopf brodelte es.

»Okay, wenn du meinst.« Er nahm das Glas, roch daran, schwenkte, bis die gelbe Flüssigkeit rotierte. Roch wieder. »Kann ich dir auch ohne zu trinken sagen, dass das ein Schotte ist. Da musst du kein solches Affentheater drum machen.«

»Ich will die Marke wissen. Das Land. Meinetwegen das Alter.«

»Für was soll das gut sein? Sieh doch auf dem Etikett nach.« Er schlürfte. »Ein Tobermory. Single Malt. Schottland. Highlands. Basta.«

Er hatte recht.

Der nächste. Ich schenkte ein.

»Du hast keine Chance. Da unten fehlt eins, aber da oben ist noch alles dran.« Er zeigte mit der Kippe zum Stumpf und zur Gurgel.

»Mach einfach!«

Er steckte seine Nase ins Glas. »Schwierig.«

»Mach schon!«

Er nippte. »Echt schwer.«

Ich sah die Fliege sich aufrappeln und zur Seite kippen.

Er grinste. »Bushmills.«

»Woher?«

»Na, Irland natürlich. Black Bush. Ein Blend. Du hast keinen Blassen, oder?«

Er ärgerte mich. »Es geht um dich, nicht um mich, capito? Um dein Scheiß-Leben, wie du es bezeichnest.

Los, den nächsten!« Die Fliege in meinem Kopf summte.

Er protestierte, aber er machte, was ich wollte.

»Jack Daniel's. Eindeutig. Kennt doch jeder. Gentleman Jack. Ein Ami. Zufrieden?«

Ich war zufrieden. Sogar mehr als das. Ich fand geil, was er vom Stapel ließ. Aber ich tat so, als sei es mir Wurst, wie er Destillate aus Getreide nur mit Nase oder Zunge erkannte.

»Rauchig. Honig. Eindeutig. Cragganmore. Schotte. Speyside. Single Malt. Ein 12-Jähriger.«

Plötzlich hatte ich es eilig wegzukommen. Ich musste nachdenken, brauchte ein Telefon und einen Rechner.

Der Rest des Tages und die halbe Nacht gingen drauf. Am nächsten Morgen bekam ich die Zusage und genehmigte mir einen. Dann noch einen und ein paar Kippen. Das Surren der Fliege war weit weg.

Ich sagte ihm nichts, bis die Einladung zum Casting kam.

Ich trainierte mit ihm. Er sah die Prothese an wie ein widerliches Reptil. Nach dem Training riss er sie vom Oberschenkel und schleuderte sie unters Bett.

»Niemals wird das was mit diesem Scheißding. Zieh du doch mal so 'ne Scheußlichkeit an.«

Genau da sagte ich es ihm. Ich erzählte ihm von der Idee und nannte ihm den Termin zum Casting.

»Du hast doch einen an der Waffel.« Er trat nach dem Rollstuhl, der sich wild drehte.

Die Fliege war wieder in meinem Kopf.

»Bist du jetzt völlig durchgeknallt? Ich, Alex Winter, ein runtergekommener Krüppel, soll in so eine Show? Du spinnst doch völlig.«

»Nicht in irgendeine, in *die* Wettsendung, in die ultimative. Du wettest sie alle unter den Tisch. Applaus, dass sich die Balken biegen. Wettkönig. Das wird ein Megaspaß.«

Er schien stinksauer und redete nicht mehr. Ich wusste, dass er nicht ablehnen würde.

Die Castings schlauchten ihn, und mich brachten sie an den Rand des Wahnsinns. Ich war besessen von der Idee, ihm durch diese Wette ein neues Leben zu erschließen. Er hatte das Zeug dazu. Aber die grenzenlose Ablehnung seiner Unvollkommenheit knallte er allen Zweibeinigen mit Gehässigkeit und Bissigkeit vor den Latz, dass ihnen Hören und Sehen verging. Ich las die Scherben auf, die er hinterließ. Die Entschuldigungen gingen mir aus. Wenn er sie hörte, wurde er fuchsteufelswild.

»Wir fahren. Los, ich will heim. Du hast mir diesen Mist eingebrockt. Neues Leben, so ein Schrott. Ich mach mich doch nicht zum Hanswurst vor diesen zweibeinigen Lackaffen.«

Die Fliege kam wieder zum Vorschein.

»Es ist vorbei! Basta.«

»Hey, jetzt bleib mal cremig. Du kannst jetzt nicht alles in die Tonne treten. Morgen um diese Zeit ist es so weit. Dein großer Auftritt. Alex Winter. Der Könner. Der Experte. Der Wettkönig.«

Ich feixte und klatschte ihm auf seinen einzigen Schenkel. Mein Optimismus war künstlich und sickerte nicht zu ihm durch. Erst auf der Fahrt ließ er sich endlich wieder von mir weichspülen. Am Ende tranken wir einen darauf.

»Einer der obersten Liga«, erklärte er mir, »ein Johnnie Walker King George V.«

Er schmeckte köstlich.

Brennblasen reichten mit ihren Schwanenhälsen bis unter die Bühnendecke. Holzfässer stapelten sich um ihn herum. Dazwischen Regale mit Flaschen in Form und Farbe scheinbar grenzenlos. Ein Haufen Gerste reichte bis an seinen Tisch heran. Alex wirkte seltsam zerbrechlich und ziemlich bescheuert mit zwei Whiskyfässern als Brille vor den Augen. Mir stand Schweiß auf der Stirn. Ich fragte mich, ob es richtig gewesen war, ihn da hineinzureiten. Die Prothese hatte er nur mir zuliebe nach einer gewaltigen Auseinandersetzung angelegt. Jetzt musste es einfach gelingen. Aus 150 verschiedenen Whiskysorten wurden zehn ausgewählt, von denen er Namen, Herkunft und Alter erkennen sollte. Mit seiner phänomenalen Nase oder seinem brillanten Geschmackssinn. Kein Problem für Alex, der nahezu alle Whiskys der Welt kannte. Ich war mir sicher.

Der Moderator schenkte ein. Er stellte die schwülstige Originalflasche in den Vordergrund. Alex schnupperte. Er trank nicht.

»Single Malt. Schottland. 16 Jahre. Ein Bruichladdich Cuvée C Margaux.«

Applaus rauschte durch den Saal und durch meinen Kopf. Allein am Geruch identifiziert. Klasse. Dann wieder Stille, als der Zweite eingeschenkt wurde. Die gelbe Flüssigkeit glühte im Scheinwerferlicht. Alex würde es machen. Er roch. Er nippte. Roch nochmals. Nahm einen Schluck.

»Hm. Gewürze, Vanille, ein wenig Malz, Eiche. Fruchtig. Das kann nur einer aus Indien sein: Amrut Peated Single Malt. Alter nicht ausgewiesen.«

Keine ernsthafte Schwierigkeit für Alex. Gerne hätte ich mir jetzt auch ein Schlückchen gegönnt. Gegen die Aufregung und für den Triumph.

»Ein ganz anderes Tröpfchen. Ein wenig Frühling mit schwarzem Pfeffer. Ein Bourbon.« Er ließ ihn auf der Zunge zergehen.

»Ah, etwas Orange und Tabak. Ein Wild Turkey Rare Breed. Eindeutig.«

Beifall brandete auf. Es ging so weiter.

»Neun richtig erkannt. Fantastisch.« Der Moderator kam in Fahrt und leitete die Krönung ein. Tosender Applaus bereitete sie vor. Ich lehnte mich entspannt zurück. Alex war der Größte. Er würde ein anderer sein: selbstbewusst und überzeugt von sich. Auch mit Handicap. Das Leben wäre wieder so steil und saftig für ihn wie früher. Er roch am letzten Glas. Schwenkte. Nippte. Roch. Nahm einen Schluck. Schien sich noch nicht ganz sicher. Wollte nichts verpatzen im letzten Moment. Vielleicht wusste er es auch längst und machte auf Spannung. Nochmals einen Schluck. Er schlürfte.

»Na na, nicht, dass er uns jetzt noch aus der Prothese kippt.« Der Moderator sagte das in die Totenstille der Halle hinein.

Alex' Gesicht färbte sich blitzartig feuerwehrrot. Er riss sich die bekloppte Brille herunter. Den Rest vom zehnten Whisky schüttete er dem Moderator vor die Brust. Das Glas selbst schleuderte er mitsamt der Brille Richtung Zuschauer.

Das war's, dachte ich. Die Fliege brummte wieder.

Er zerrte wild an der Prothese, bis er sie aus dem Hosenbein genestelt hatte. In hohem Bogen warf er sie zu den Whiskyfässern, wo sie als groteskes Dekor hängenblieb.

Auf der Fahrt zurück herrschte totale Funkstille. Er starrte vor sich hin. Das Aquaplaning seiner Gefühle füllte das Auto bis unters Dach. Die Fliege hinter meiner Stirn drehte sich wie verrückt um die eigene Mitte. Ich fühlte mich beschissen, weil ich ihn dahin gebracht hatte, wo er jetzt dümpelte.

Die Zeiten waren mies und ich hing voll durch, ganz zu schweigen von Alex, der nichts mehr von mir wissen wollte.

Ich hielt den Brief für Werbung wie den größten Teil meiner Post. Ohne Interesse landete er beim Altpapier.

Um Abwechslung in meinen öden Alltag zu bringen, ging ich ins *Scharfe Eck*. An diesem Tag wollte ich Whisky trinken.

»Ja, da habe ich etwas Spezielles hereinbekommen.« Der Wirt flüsterte mir ins Ohr und ich dachte, es handelte sich um irgendeine Sauerei, und wurde hellwach.

»Lass mal rüberwachsen!«

Er kramte unter der Theke und zeigte sie endlich: eine Flasche, wie ich in letzter Zeit Dutzende gesehen hatte. Ich schob sie gelangweilt zurück.

»Schau doch mal richtig hin. Ein echter Schweizer. Mein allererster. Ist das nicht geil, Mann?«

»Dann gib mir halt einen doppelten.« Ich las ihm zuliebe das Etikett: *Whisky Castle Hill Doublewood*. Das Logo kam mir bekannt vor, aber ich wusste nicht, woher.

Der Tropfen schmeckte außergewöhnlich. Ein wenig nach Kastanien, süßlich und rauchig. Nach dem Dritten erinnerte ich mich.

Klar. Das Logo mit der diagonalen Kornähre.

Ich hatte es plötzlich eilig heimzukommen, wühlte im Altpapier und fand ihn schnell, diesen Umschlag. Die Kornähre hinter dem Wappen mit der Brennblase. Wenn man richtig informiert sei, müsse ich der Manager von Alex Winter sein. Herr Winter sei als begnadeter Whiskyexperte in Erscheinung getreten. Man wünsche sich Kontakt mit ihm und könnte sich unter gewissen Umständen eine Zusammenarbeit mit Herrn Winter vorstellen. Man denke dabei an eine Berufung als Masterblender. Für eine Kontaktvermittlung sei man dankbar, die Angelegenheit bedürfe jedoch Behutsamkeit und Diskretion, weshalb man sich an mich wende.

Ich traute mir selbst nicht über den Weg. Hatte ich zu viel Castle Hill Doublewood erwischt? Doch auch nach einer kalten Dusche war nichts anderes zu lesen. Ein Masterblender schien eine bedeutende Rolle in einer Destillerie zu spielen.

Auf dem Weg zu Alex ging ich auf einen Sprung in die Kneipe und nahm den Rest des Schweizers mit. Im Treppenhaus beim Aufstieg zu seiner Wohnung sah ich bereits den Lift, vollverglast und vornehm. Alex darin in Business-Outfit, elegant und siegessicher. Ich schnaufte wild.

»Du? Was soll das?«

»Hör zu! Was genau ist ein Masterblender?«

»Nein, nicht schon wieder. Lass endlich die Finger

von dem Kram. Du hast doch keinen Schimmer und so soll's auch bleiben. Hast ja gesehen, was dabei herauskommt. Nur Schrott, nichts als Schrott.«

Ich hörte nicht auf ihn. »Hab' zwei Megaknüller mitgebracht.« Ich hielt ihm die Flasche vor das Gesicht. Er drehte sich weg.

»Wetten, den kennst du noch nicht?«

»Ich hab' die Schnauze voll vom Wetten. Für den verdammten Rest meines beschissenen Lebens. Klar?«

Ich schenkte uns ein. Er konnte nicht anders. Seine Nase steuerte ihn. »Hm. Rauch. Süße. Und noch was: Maroni.«

Wir tranken.

»Und der andere?«

»Welcher andere?«

»Na, du hast von zwei Knüllern gefaselt.«

»Erst, wenn ich weiß, was ein Masterblender ist!«

»Wenn's sein muss. Masterblender sind die absoluten Whiskyfreaks, Megaexperten, Mischmeister. Von den Brennereien angestellt. Steiles Image. Verdienen satt. Mischen Proben von verschiedenen Einzelwhiskys, bis sie dem geplanten Fertigprodukt entsprechen. Richard Paterson ist so einer. Einer der Allerbesten. Schon mal gehört? Auch *Die Nase* genannt wegen seinem voll extremen Riechorgan. Zufrieden?«

»Okay. Du bist einer von denen. Wenn du willst.«

Wir tranken. Die Wärme war wunderbar.

Goldene Hochzeit

Bernd Kühn

Ich mag Whisky. Angenehm kühl muss er sein, darum trinke ich ihn mit Eis. Aber er darf nicht verwässert werden. Deshalb bleibt am Schluss immer noch etwas Eis im Glas. Ich liebe den rauchigen Geschmack und den Geruch wilder Natur im Destillat. Licht scheint durch das Glas, der bernsteinfarbene Filter lässt mich die Welt besänftigt erleben, nimmt die Aufdringlichkeit des Tages. Ich kippe den Whisky nicht einfach hinunter. Schluck für Schluck, klein portioniert, sickert die leicht brennende Flüssigkeit in mich hinein, erwärmt den Magen und das Gemüt. Selten genehmige ich mir mehr als ein Glas, zuweilen zwei, mehr als drei Gläser nie, fast nie.

Über neunundvierzig Jahre bin ich mit Lisa verheiratet, bald ein halbes Jahrhundert. Unvorstellbar! Lisa verabscheut es, wenn ich Zigarren rauche. Alkohol mag sie auch nicht, besonders mein Whisky ist ihr verhasst.

Ich habe mich daran gewöhnt, dass sie vieles nicht mag, was ich liebe. Ich weiß nicht, ob sie mich noch mag oder liebt. Vielleicht ist alles Gewohnheit, so wie ich mir ab und zu eine Zigarre anstecke oder abends ein Glas Whisky trinke.

»Es ist kalt, Bübchen, kannst du nicht die Heizung höherdrehen?«

Ich bin vierundsiebzig Jahre alt und sie nennt mich immer noch Bübchen. Ich werde mal als Bübchen sterben, als ein altes, faltiges Bübchen mit wenigen weißen Haaren auf dem Kopf. Wahrscheinlich werde ich das älteste Bübchen sein, das je gestorben ist.

»Es ist schweinekalt.«

»Die Heizung ist schon ganz hochgestellt.«

»Trotzdem, es ist kalt. Ich friere.«

»Soll ich dir einen Whisky einschenken? Der wärmt.«

»Willst du mich umbringen? Ich rühre das Zeug nicht an, das weiß du. Allein, wie scheußlich das schon riecht. Wir sollten uns einen elektrischen Heizlüfter kaufen.«

Heute werde ich zwei Gläser Whisky trinken, mir ist danach.

»Was meinst du, Bübchen, wen sollten wir alles einladen?«

»Wozu einladen?«

»Na, zu unserer goldenen Hochzeit.«

»Ist doch noch über ein halbes Jahr hin.«

»Das schon, aber so ein Fest muss geplant sein.«

»Plan nicht so viel, es werden eh immer weniger Leute, die wir einladen können.«

»Du bist ekelhaft, so etwas sagt man nicht. Immerhin könnten wir ja auch jeden Tag ... Ich meine, wer weiß schon, wer der Nächste ist?«

Jetzt kommt wieder die Belehrung, natürlich wird sie länger leben, sie hat noch nie geraucht und dieses Teufelszeug, diesen Whisky, hat sie auch nie angerührt.

»Leider werde ich übrig bleiben. Ich lebe ja gesund, rauche nicht und saufe nicht dieses Teufelszeug, das die Magenwände kaputt macht.«

Ich werde mir jetzt eine Zigarre anstecken, schon aus Trotz. Und das zweite Glas Whisky genehmige ich mir auch.

»Muss denn das sein, dass du dich wieder betrinkst?«

»Ich betrinke mich nicht, ich trinke lediglich ein zweites Glas.«

»Nun, du musst ja wissen, was du tust. Es ist nicht mein Körper. Wir sollten uns trotzdem einmal darüber Gedanken machen, wen wir alles einladen zu unserer goldenen Hochzeit.«

Wo hat die Nervensäge nur die Zigarren versteckt?

»Was rennst du denn in der Wohnung herum? Du machst mich richtig nervös.«

»Ach, nichts.«

»Nun, dann setz dich wieder. Fast fünfzig Jahre verheiratet, das ist doch was! War nicht immer leicht für mich, aber die schönen Zeiten haben doch überwogen, nicht wahr, Bübchen?«

Bübchen möchte jetzt eine Zigarre rauchen.

»Erinnerst du dich noch, wie du damals vor mir standest? Richtig schüchtern warst du. Ich musste dich erst mal auf Vordermann bringen.«

Der Whisky tut gut.

»Es ist ja nicht so, dass ich keine Chancen gehabt hätte, zehn hätte ich haben können, an jedem Finger einen. Erinnerst du dich noch an Helmut? Was war der hinter mir her, aber auf so einen Hallodri konnte ich verzichten. Bei Eberhard war das etwas anderes. Habe ich dir schon einmal von Eberhard erzählt?«

Einmal? Eberhard, der Polizist, die gute Partie! Ich kenne die Geschichte auswendig.

»Der Eberhard hat sich richtig um mich bemüht. Nein, was war der charmant, alles hätte ich von dem haben können. Und nicht zu vergessen, die Altersversorgung. Als Beamter steht man doch immer besser da. Ich hätte es heute gut. Aber ich habe dich genommen. Zugegeben, es war nicht immer einfach in der ganzen Zeit, aber bereut habe ich es nicht, mein Bübchen. Was läufst du denn noch immer herum?«

»Ich suche meine Zigarren.«

»Du willst doch jetzt nicht etwa rauchen? Vorige

Woche habe ich erst die Gardinen gewaschen. Du weißt, wie schädlich das für dich ist.«

Ich weiß, es ist nicht dein Körper.

»Na, mein Körper ist es nicht, der ruiniert wird.«

»Da sind sie ja, hast du die Zigarren auf den Schrank gelegt?«

»Hörst du den Wasserhahn?«

»Nein.«

»Er tropft. Ich habe schon versucht, ihn fester zuzudrehen, aber es nutzt nichts. Der Rauch ist furchtbar, du bringst nicht nur dich, du bringst auch mich um. Nicht umsonst gibt es jetzt ein Nichtraucherschutzgesetz. Du verhältst dich unverantwortlich. Und nun schüttest du dir das dritte Glas Whisky hinein. Willst du dich betrinken?«

»Er schmeckt mir.«

»Was ist denn das für eine Aussage? Ich weiß nicht, wie lange ich das mit dir noch aushalte. Das Getropfe von dem Wasserhahn macht mich verrückt. Und kalt ist es auch. Dir ist das egal. Hauptsache, du kannst qualmen und deinen Whisky in dich hineinkippen. Hörst du mir überhaupt zu? Typisch, eingepennt ist er, die Zigarre aus, den Whisky leer getrunken, wieso rege ich mich auf? Der Kerl kriegt doch nichts mehr auf die Reihe.«

Ich kriege noch eine ganze Menge auf die Reihe, aber das muss sie nicht wissen. Jeden Abend trinke ich ein Glas Whisky, selten mal zwei, mitunter drei, aber mehr nie, fast nie. Der Whisky ist für mich eine Art Arznei.

Aber das Tropfen des Wasserhahns höre ich wirklich nicht.

»Whisky und Liebe
ist besser als Whisky und Cola.«

KEN O'GARRL

WHISKY FÜRS HERZ

Schnäppchen

Olga Felicis

Sie kniff sich ins Ohrläppchen. Tatsächlich, es war kein Traum. Da saß sie, im *Demel*, an einem runden Tisch in der Ecke mit Blick zur Eingangstür. Hunderte winziger Kügelchen kribbelten in ihrem Bauch, als hätte sie Champagner getrunken; dabei nippte sie nur hin und wieder an einer Tasse Melange.

Mali lächelte. Endlich bahnte sich eine Veränderung an. Sie würde ihr fades Leben auskippen wie einen Teller Haferbrei und in Zukunft nicht an exotischen Gewürzen sparen. Ein Abenteuer lockte, und sie, Mali, wollte es erleben.

Die Eingangstür des Cafés öffnete sich.

Unwillkürlich hielt Mali den Atem an und setzte sich kerzengerade hin. Als sie sah, dass zwei alte Damen mit Hund eintraten, entwich die aufgestaute Luft zischend zwischen ihren zusammengebissenen Zähnen.

Wieder nicht er, dachte sie und ihre Unterlippe

zuckte. Ein Blick auf die Uhr belehrte sie, dass es viel zu früh war. Im günstigsten Fall durfte sie in einer Viertelstunde mit ihm rechnen.

Mali zwang sich, von der Tür wegzusehen; stattdessen nahm sie ihren Blazer in Augenschein. War noch alles so, wie es sein sollte?

Die rote Rose prangte am Revers, wie vereinbart. Sie begann, ihre Frische einzubüßen, die Blütenblätter wurden an den Rändern spröde und rollten sich ein, aber es war unverkennbar eine Rose. Mit spitzen Fingern zupfte Mali den Blumenkopf zurecht.

Ob er überhaupt käme?

Wie würde sie auf ihn wirken?

Mali presste die Lippen zusammen. Sie dachte an ihre mausgrauen Haare, die wie abgebissen aussahen, an das Doppelkinn, den Hängebusen.

Vielleicht missfiel sie ihm so sehr, dass er sich gar nicht zu erkennen gäbe? Dann bliebe er auf der Schwelle stehen, sähe sich suchend um, seine Blicke würden kurz auf der Rose verweilen, prüfend Malis Gesicht abtasten, ehe sie ins Nichts glitten, enttäuscht oder abschätzig oder gar entsetzt; er würde ihr den Rücken zudrehen und gehen, als wäre die Person, die er gesucht hatte, nicht gekommen.

Mali machte sich nichts vor. Die meisten Männer beurteilten eine Frau nur nach ihrem Äußeren. Sahen ein teigiges Lehrerinnengesicht, ahnten die barocke

Birnenform und stöhnten innerlich auf. Woher wollte sie wissen, dass der, auf den sie wartete, seine Fühler nach inneren Werten ausstreckte?

Ich spüre es einfach, sagte sie sich. Ich spüre, dass er anders ist. Besonders.

Dabei wusste sie fast nichts über ihn. Nur, dass er Schotte war, aus Bowmore, 1957 geboren und alleinstehend. Vor Jahren war Mali einmal auf Islay, der südlichsten Hebrideninsel, gewesen, hatte die Schroffheit der Felsenküste bewundert, die keltischen Steinkreise, die Rundkirche von Bowmore, und in einem urigen Pub zum ersten Mal Haggis gegessen, eine Art Pastete, die ihr wie eine himmlische Köstlichkeit erschienen war, bis sie erfahren hatte, dass es sich um einen mit Innereien gefüllten Schafsmagen handelte.

Sie verschränkte ihre Finger ineinander. Verstieg sie sich in hirnverbrannte Träumereien? War ihre Einsamkeit so übermächtig geworden, dass sie sich selbst belog?

Nein. Das ist der Mann, auf den du ein Leben lang gewartet hast. Ihr Bauch flüsterte es ihr zu, seit sie die Kontaktanzeige im *Standard* gelesen hatte, in der Rubrik *Zu Zweit*. Das war vor zwei Wochen gewesen. Sie erinnerte sich noch genau an diesen Abend. Damals hatte es gefunkt, besser gesagt, das Zeitungspapier hatte geknistert. Seither litt sie an Appetitlosigkeit und in ihrem Bauch kribbelte es unaufhörlich.

Mali grübelte.

Wie könnte sie erreichen, dass dieser Mann – vorausgesetzt er käme – sie in sein Herz schlösse? Dass er mehr in ihr sähe als die übergewichtige Englischlehrerin, die es leid war, abends vor dem Fernseher einzuschlafen, allein? Mali besaß weder Reichtümer noch Schönheit oder überdurchschnittliche Intelligenz.

»Aber innerlich bin ich bunt«, sagte sie halblaut und rührte trotzig im Kaffee. Wenn sie seine Aufmerksamkeit nur auf dieses bunte Innere richten könnte, wenn er eine Ahnung von ihren Tagträumen bekäme, die zum Teil pikant und sogar ein wenig verrucht waren … Dann würde er anbeißen!

Ihr Blick fiel auf die Kaffeetasse. Angewidert schob Mali sie von sich. Sie musste etwas anderes bestellen. Ein Getränk, das ihre Originalität und ihr inneres Feuer versinnbildlichte. Das Gegenteil von langweiligem Milchkaffee.

Resolut winkte sie der Kellnerin, die den Blick nicht mehr rechtzeitig abwenden konnte und sich mit provozierender Langsamkeit näherte.

»Wünschen noch eine Melange oder eine Cremeschnitte?«

»Bringen Sie mir bitte einen Whisky.«

»Four Roses, Jim Beam, Jameson, Johnnie Walker?«

Mali zögerte. Mit harten Getränken kannte sie sich nicht aus. »Haben Sie einen schottischen?«

»Also Johnnie Walker«, näselte die Kellnerin und

trug ihre Maske griesgrämiger Freundlichkeit von dannen.

Als das eckige Glas mit der karamellfarbenen Flüssigkeit vor Mali stand, krabbelte Aufregung wie ein Schwarm Ameisen über ihren Nacken. Die zitternden Finger schlossen sich um das Glas, führten es an die Lippen. Mali blähte die Nasenflügel. Ein zartes Vanillearoma mischte sich mit einem herberen Duft, den sie schwer fassen konnte. Sandelholz vielleicht? Beherzt nahm sie einen kräftigen Schluck, schwenkte ihn im Mund hin und her und ließ ihn langsam durch die Kehle rinnen.

»Ah!« Überrascht hob sie die Brauen. Sie hatte nicht gewusst, dass Whisky so süß schmecken konnte, nach Rosinen und Honig. Und dass er in kürzester Zeit den Magen so angenehm wärmte.

Sie fragte sich, wie ihr alleinstehender Schotte wohl aussah. Nicht, dass es ihr wichtig wäre. Nur aus Neugier.

In der Annonce hatte er seinen Körperbau kräftig genannt. Vielleicht war das eine liebevolle Umschreibung für Korpulenz? Vielleicht schleppte er einen stattlichen Kugelbauch mit sich herum, ein One-Pack?

Ihr sollte es recht sein. Hauptsache, er war kein Hungerleider, den eine Frau ihres Volumens nicht umarmen konnte, ohne befürchten zu müssen, dass sie ihn erdrückte.

Neben der Statur hatte er nur seine große Nase erwähnt. Mali kicherte in sich hinein. Wie originell! Andere Männer strichen ihr volles Haar, ihre Muskeln oder die Augenfarbe heraus. Vielleicht ein versteckter Hinweis? Eine Doppeldeutigkeit? Männer mit großer Nase waren auch anderweitig gut bestückt, hieß es.

Die Wärme, die der Whisky in Malis Bauch gezaubert hatte, stieg ihr zu Kopf. Ihre Ohrläppchen pulsierten. Rasch nahm sie noch einen Schluck und leckte sich die Lippen.

Ihre Fantasie zeichnete Bilder eines gestandenen Mannes, dessen Gesicht Johnny Depp glich. Ein dicker, großnasiger Depp, der nicht wie ein 20-jähriger Pirat geschminkt war, sondern seine echten Falten trug und einen Schottenrock.

Seit Jahren las Mali jeden Samstag die Kontaktanzeigen und hatte den wehleidigen Tonfall der musisch interessierten Akademiker gründlich satt. Sie wollte einen Mann, keinen diplomierten Frauenversteher! Kein Weichei. Deshalb hatte sie sich begierig auf seine Annonce gestürzt, die so anders klang. Männlich. Knapp. Selbstbewusst.

Er hatte sich als *absolute Rarität* bezeichnet und das traf auf einen Schotten, der in Wien lebte, ohnehin zu.

Über seine Vorlieben und Erwartungen stand nichts im Inserat. Nur, dass er sich *berufene Hände* wünschte.

Mali seufzte. Sie hatte lange überlegt, wie sie

antworten sollte. Wenn sie schon nicht mit Model-
maßen oder einem gefälligen Gesicht punkten konnte, dann mit Witz! Auf ihren Brief war sie immer noch
stolz.

Lieber Schotte!
Mein Name ist Amalie. Ich bin 49, Englischlehre-
rin und habe ein Faible für kulinarische Genüsse
und die Landschaft der Highlands. Halten Sie mei-
ne Hände für berufen? Wenn ja, schlage ich Ihnen
ein Treffen am Sonntag, den 15. März, um 15 Uhr
im Café Demel vor. Besonderes Kennzeichen: rote
Rose im Knopfloch.

Mali hatte in eine Maniküre investiert, hatte Fei-
len, Cremen und Lackieren über sich ergehen lassen,
mit Selbstauslöser ein Foto ihrer Hände gemacht und
es dem Brief beigelegt.

Um fünf Minuten vor drei Uhr schwang sich ihr
Puls in schwindelerregende Höhen. Sie betrachtete
ihre Finger, die auf die Tischplatte trommelten. Von
den Nägeln blätterte stellenweise der Lack ab. Um ihre
Hände sinnvoll zu beschäftigen, führte sie wieder das
Whiskyglas zum Mund und trank es aus. Kaum hatte
die Kellnerin ihr einen zweiten Johnnie Walker serviert,
öffnete sich die Eingangstür des *Demel.*

Mali erstarrte.

Ein Mann betrat das Kaffeehaus. Er trug eine Aktentasche.

Enttäuscht atmete sie durch. Fehlalarm. Der Herr war weit über siebzig, schmächtig und ganz unauffällig benast.

Als er den Hut vom Kopf nahm, leuchtete seine Glatze im milchigen Licht der Lüster auf. Angestrengt blinzelte er in die Runde, als suche er jemanden. Verwundert stellte Mali fest, dass sein Blick bei ihr hängen blieb. Langsam, aber festen Schrittes kam er auf sie zu, lächelte sie an, als würde er sie kennen.

Unmöglich. Eine Verwechslung.

»Guten Tag. Sind Sie Amalie? Die Englischlehrerin mit den berufenen Händen?«, fragte er mit kehliger Aussprache.

»Ähm … ja …« Hitze leckte mit rauer Zunge über ihre Wangen. Sie begann zu schwitzen. Was wollte dieser alte Knacker von ihr?

»Ich bin Callum. Callum McConnell.«

Kein Zweifel, der Name klang schottisch. Die Kügelchen in Malis Magen stellten das Kribbeln augenblicklich ein und festigten sich zu einem harten Kloß. Irgendetwas lief grauenhaft falsch.

»Setzen Sie sich doch«, sagte sie endlich, nachdem ihr peinlich bewusst wurde, wie unhöflich sie wirken musste.

»Mein Sohn schickt mich.«

Der Alte drehte seinen Hut in den Händen.

»Ihr Sohn? Ach so!« Das war es also! Der Held ihrer Träume, ihr alleinstehender 52-jähriger Schotte war schüchtern. Er hatte seinen Vater vorgeschickt. Wie reizend! Mali hätte beinahe in die Hände geklatscht.

Noch ist nichts verloren, dachte sie, im Gegenteil. Der alte Mann wirkte sehr sympathisch, sein Sohn musste ein prachtvoller Kerl sein. Der Kloß in ihrem Magen löste sich auf, zaghaft setzte das Kribbeln wieder ein.

»Darf ich Sie auf einen Drink einladen?«, fragte Mali keck. Eigentlich war sie sparsam, nein, geizig wie eine Schottin. Aber vor ihrem Schwiegervater in spe wollte sie sich nicht lumpen lassen.

Callum McConnell nickte erfreut. Er bestellte ein Bier. Lächelnd deutete er auf ihr Whiskyglas.

»Sie sind die Richtige, das sehe ich schon. Mein Sohn Peter hat sich über Ihren originellen Brief sehr gefreut.«

Mali strahlte. Originell, ja, das war sie. Fantasiebegabt und originell. Keine Schönheit, aber für Peter zählten offensichtlich die inneren Werte mehr. Peter. Was für ein hinreißend bodenständiger Name. Dass sein Vater sie für die Richtige hielt, rührte sie zutiefst.

»Dabei ist einiges schiefgelaufen mit der Anzeige. Peter hat sich gewundert, dass überhaupt jemand geantwortet hat.« Herr McConnell nickte eifrig. »Und noch dazu so eine charmante Dame.« Er lächelte.

Mali spitzte die Ohren. Was meinte er mit *schiefge-laufen*? Sie wagte nicht zu fragen.

»Wissen Sie, ich habe das Inserat für meinen Sohn aufgegeben. Ich lebe zwar schon seit vierzig Jahren in Wien, aber mein Deutsch ist bei weitem nicht perfekt. Und zu allem Überfluss ist die Anzeige in der falschen Rubrik gelandet!« Er schlug sich auf die Schenkel und lachte.

Mali begann, auf ihrem Sessel hin und her zu rutschen.

»Meine Frau hat mich ausgeschimpft. Ob ich unseren Jungen verkuppeln möchte, hat sie gefragt. Aber eine echte Whiskyliebhaberin wie Sie«, wieder deutete er auf Malis Glas, »lässt sich natürlich nicht in die Irre führen.«

Wie in Trance griff Mali nach der Rosenblüte im Revers und zermatschte sie in ihrer Hand.

»Und als Englischlehrerin ist Ihnen bestimmt gleich aufgefallen, dass ich den Fehler gemacht habe, wörtlich aus dem Englischen zu übersetzen.«

»Natürlich«, murmelte Mali. Ihre Stimme klang, als hätte sie Sandkörnchen in der Kehle. Sie versuchte, sich den genauen Wortlaut des Inserats in Erinnerung zu rufen:

Scot. Single M., Jg. 1957, Bowmore, kräftiger Körper, große Nase. Absolute Rarität. Nur in berufene Hände. Zuschriften an Chiffre Nr. …

»Nun, dann zeige ich Ihnen den Burschen.«
Schwungvoll öffnete Callum McConnell seine Aktentasche und holte eine Whiskyflasche hervor.

Bowmore, Scotch Whisky, distilled 1957 prangte auf
dem Etikett.

»Ein Familienerbstück, gehört meinem Sohn. Er
wollte sich nie davon trennen, aber nun, in Zeiten der
Wirtschaftskrise ...« Herr McConnell seufzte.

Single, männlich? Stumm schüttelte Mali den Kopf.
Single Malt, dachte sie. Big nose. Strong body.

»3500 Euro Verhandlungsbasis. Unter 3100 darf ich
aber auf keinen Fall ...«

»3500? Was für ein Schnäppchen«, murmelte Mali.
Sie öffnete ihre Handtasche und nahm ein Scheckfor-
mular heraus, das sie unter den glänzenden Blicken ihres Leider-nicht-Schwiegervaters ausfüllte.

Ihr Konto würde aufjaulen. Und wenn schon! Nicht
jede Frau wurde einen Mann so billig los, der sich als
Reinfall herausstellte – und bekam noch einen alten
Whisky dazu.

Medizin für gebrochene Herzen

Angela Hüsgen

Merkwürdiger Zufall! Unsere Noch-Ehefrauen hießen beide Maria und kamen aus Spanien. Gleich beim ersten Treffen in unserer Trennungsselbsthilfegruppe entdeckten wir diese Gemeinsamkeit. Jahrelang hatten wir unsere Urlaube bei brüllender Hitze inmitten lärmender Großfamilien verbringen müssen, weil unsere Marien unter Heimweh litten.

»Lass uns einen richtigen Männerurlaub machen«, schlug Tom vor, »Wandern und Campen in Schottland.« Tom verfügte bereits über Schottlanderfahrung; er wollte dort angeln und mich reizte es, endlich das Ursprungsland des Single Malt Whiskys kennen zu lernen.

Wegen der Lachse und der vielen Brennereien einigten wir uns auf die Speyside. Auf das Zelten hätte ich zwar verzichten können, aber Maria und ihre Anwältin plünderten mich gnadenlos aus, deshalb musste ich jeden Cent umdrehen. Dafür wollte ich mir den einen oder anderen guten Tropfen gönnen.

Wir erreichten den Flusslauf des Spey am späten Nachmittag. Der Himmel schien sich mit der Erde vereinen zu wollen, so tief hingen die Wolken. Ab und zu brach ein Sonnenstrahl hindurch, und sofort erstrahlten die Wiesen und der Wald in blendendem Grün. Während ich den Anblick genoss wie die gelungene Bildkomposition eines Gemäldes, wurden bei Tom sofort hintere Hirnregionen aktiviert, die ihn zu Höhlenbau und Nahrungssicherung trieben. In Rekordzeit stellte er sein nagelneues Hightech-Zelt am Flussufer auf und betrachtete sein Werk zufrieden.

»Jetzt brauchen wir noch was Anständiges zwischen die Zähne«, sagte er, nachdem sein Höhlenbautrieb befriedigt war. Er holte seine Angel hervor und hantierte eine Weile wortlos, bis alles seinen Wünschen entsprach; dann suchte er sich ein Plätzchen am Fluss.

»Feinste Forellen, sag ich dir, aber der Lachs erst …« Tom schnalzte mit der Zunge. »Kannst schon mal Feuer machen. Hier beißt immer was an.«

Ich fand genug Zweige und Rindenstücke in der Nähe, nur mit dem Feuermachen klappte es nicht. Alles eine Frage der richtigen Technik, sagte ich mir, aber um ehrlich zu sein, ohne Grillanzünder bin ich hilflos.

Tom sah, wie ich mich abrackerte, und schüttelte den Kopf. »In der Wildnis wärst du aufgeschmissen,

Ralf. Nur gut, dass du den alten Tom hast. Nimm mal die Angel.«

Mit wenigen Handgriffen zauberte Mr. Perfect ein nettes kleines Feuer. Gott, wie mich diese praktischen Alleskönner nerven. Das erste Mal in meinem Leben hielt ich eine Angel in der Hand und innerhalb einer Minute zuckte das bunte Ding, das auf der Wasseroberfläche schwamm – Pose nennen es die Angler.

Plötzlich stand Tom neben mir und flüsterte: »Der schnuppert nur, ganz ruhig, Mann.«

Dann ging alles sehr schnell. Er riss mir die Angel aus der Hand, und während er kurbelte, um den Fang einzuholen, redete er leise auf den Fisch ein: »Komm schon, Baby, hiergeblieben, komm zu Papa.«

Er zog eine stattliche Forelle heraus und nach einer Stunde noch eine zweite. Routiniert nahm er sie aus, salzte und pfefferte sie, wickelte sie in Alufolie und warf sie zu den Kartoffeln in die Glut.

Jetzt war der richtige Zeitpunkt für meine Sammlung Scotch Whisky gekommen. Ich hatte nicht widerstehen können und mir am Flughafen einen Geschenkkarton mit Miniaturen einiger Whiskyklassiker samt Nosinggläsern gekauft. Zwar passten die Miniaturen in meinen Rucksack, aber die Gläser musste ich extra tragen. Gespannt reichte ich Tom ein Glas zwölf Jahre alten Glenfiddich, wärmte mein eigenes mit der Hand und sog den süßen Duft von Orangen und Sherry ein.

Tom dagegen kippte den Whisky runter wie einen Billigfusel und sah sich zufrieden um. »Geile Gegend hier!«

Mir blutete das Herz. »Der Glenfiddich ist ein bekannter Speyside Scotch, ein guter Aperitif«, belehrte ich ihn.

»Ach ja?«

Begeisterung klang anders, aber vielleicht konnte ich ihn mit dem Flaggschiff der hiesigen Single Malts beeindrucken, einem zehn Jahre alten Macallan. »Probier mal den, der ist sherryartig, kraftvoll und rauchig; morgen besichtigen wir die Brennerei.«

Diesmal hielt Tom kurz seine Nase über das Glas, bevor er trank.

»Sherryartig, aha! Meine Oma hat immer Sherry getrunken.« Er grinste.

Perlen vor die Säue, dachte ich.

Wir verspeisten unser halb rohes, halb verkohltes Mahl, als der Himmel aufklarte und die untergehende Sonne für uns die Flusslandschaft verzauberte. Tom bediente sich nun hemmungslos von meinen Whiskyminiaturen, erst ein Glenspey, dann ein Dufftown, schließlich ein Talisker. Dabei gab er so intelligente Kommentare ab wie: »Ich bin ja sonst eher der Biertyp, aber an das Gesöff könnte ich mich glatt gewöhnen.«

»Der Talisker ist von der Insel Skye. Im Geschmack ist er erst süß, dann pfeffrig-scharf.«

»Mensch Ralf, du bist ja ein Whiskykenner.«

Ja, Tom, du Schnellmerker, wollte ich ihm zurufen, doch es war höchste Zeit, meinen Schatz in Sicherheit zu bringen.

»Den Single Malt muss man genießen«, sagte ich entschuldigend und ließ die restlichen Fläschchen in einem Beutel verschwinden.

»Mach ich doch, alter Junge!« Er versuchte aufzustehen, beim dritten Anlauf konnte er sich schließlich auf den Beinen halten.

»Mann, der Tallissy oder wie der heißt ist aber verdammt stark. Ich glaub, ich roll mich jetzt in meinen Schlafsack.«

Da ich es bei zwei Gläsern hatte bewenden lassen, fiel mir das Aufstehen leicht, doch ich ließ mir Zeit. Es wäre übertrieben, es als Phobie zu bezeichnen, aber die Enge eines Zeltes bedrückt mich ebenso, wie mich die Geräusche der Natur beunruhigen; außerdem ist es im Schlafsack immer zu warm oder zu kalt. Jetzt drangen auch noch lautstarke Schnarchgeräusche aus dem Zelt. Dass seine Frau es nicht bei ihm ausgehalten hatte, verstand ich gut.

Am nächsten Morgen lausige Kälte, Vogelgesang und ein Leuchten – Natur wie frischgewaschene Wäsche. Tom sprang aus dem Schlafsack und rannte zum Fluss. In Windeseile hatte er seinen Trainingsanzug ausgezogen und sich ins Wasser geworfen. Er grunzte und planschte wie eine Herde Flusspferde und scheuchte die Vogelwelt der ganzen Speyside auf.

Der Gedanke an die Whiskybrennereien, die wir heute besichtigen würden, rettete meine Laune. Der Outdoorfreak neben mir war vollkommen in seinem Element. Er pfiff vor sich hin, als er für eine Tasse Pulverkaffee das Feuer von gestern Abend noch einmal entfachte. Meinen Vorschlag, im nächsten Ort gemütlich zu frühstücken, fegte er verächtlich beiseite.

»Schottland, Ralf, das ist Wandern, Zelten und Angeln.«

»Für mich ist Schottland Glenlivet, Glenmorangie und Aberlour.«

»Whisky?«

»Genau, das Gesöff, an das du dich gewöhnen könntest.«

Tom grinste. Schweigend tunkten wir trockene Kekse in den Kaffee.

Nachdem wir das Feuer gelöscht hatten, Zelt und Schlafsäcke verstaut waren, wanderten wir am Fluss entlang. Der Spey floss still dahin, nur manchmal sprangen übermütige Forellen aus dem Wasser, als wollten sie fliegen, um gleich darauf erschrocken wieder in ihr vertrautes Element einzutauchen. Ab und zu unterbrach der fremdartige Schrei eines mir unbekannten Vogels die Stille und vereinzelte Motorengeräusche erinnerten uns an die nahe Zivilisation.

Ich dachte an Maria. Sicher war sie gerade in Spanien bei ihrer Familie. Was hatten wir nur falsch gemacht?

Wir verließen den Uferweg an einer Gabelung und kamen nach wenigen Minuten an eine Straße. Zwanzig Meter vor uns stand ein roter Kleinwagen mit geöffneter Heckklappe. Eine junge Frau wuchtete einen Reifen aus dem Kofferraum. Als sie uns sah, winkte sie heftig. Auch wenn Reifenwechseln nicht zu meinen Lieblingsbeschäftigungen zählt, erregte die rotblonde Lockenmähne der Frau die Aufmerksamkeit gewisser Anteile meiner Persönlichkeit.

Tom musste es genauso gehen, denn er stapfte los wie ein aufgezogener Spielzeugroboter.

»Hello, hello«, rief die Rotblonde und strahlte uns an. »My name is Silke. I've got some problems with my car.«

Sie kam aus Bottrop und machte eine Tour von Edinburgh aus nach Norden. Nachdem Tom und ich das Ersatzrad montiert hatten, bestand sie darauf, uns zum Essen einzuladen. Wir zwängten uns und unsere Rucksäcke in ihren Mietwagen.

Vor dem Essen besichtigten wir gemeinsam die Macallan Destillerie. Ein Gefühl von Ehrfurcht erfüllte mich beim Anblick der kupfernen Brennblasen – Zwiebeln, deren Triebe sich wie Schwanenhälse wanden. Durch ein kleines Fenster sah ich ins Innere;

hier schäumte, dampfte und brodelte es. Der Geist des Whiskys erwachte. Welch ein Schöpfungsakt!

Bei der anschließenden Verkostung genoss ich kleine Proben verschiedener Jahrgänge. Tom, der sich mal wieder nicht hatte zurückhalten können, befand sich an der Grenze zur Peinlichkeit. Auch Silke war in ausgelassener Stimmung; sie vertrug nicht viel. Als ich ihr beim Essen von den Vorzügen des Malt Whiskys vorschwärmte, hing sie an meinen Lippen.

Tom merkte, dass ihm die Felle davonschwammen. Er riss sich zusammen und gab den Frauenversteher. Diese Masche zieht bei Frauen fast immer. Da Silke alles Mystisch-Mythologische liebte, ließ er sie von Naturgeistern erzählen – ihre Spezialität waren Feen und Elfen, aber auch Kobolde, Trolle und Gnome hatten es ihr angetan. Hoffte sie, welche in Schottland zu finden? Jedenfalls schien sie glücklich zu sein, ausgiebig über ihr Lieblingsthema sprechen zu können. Silke war einfach umwerfend, und sie wäre es auch gewesen, wenn sie über die Zubereitung von Katzenfutter referiert hätte. Sie war ein richtiges Vollweib, und Tom und ich standen in Sachen Weiblichkeit eindeutig auf dem Schlauch. Ich war mir fast sicher, sie würde einem von uns ihre Gunst schenken; mein Gefühl sagte mir, dass ich es sein würde.

Nach dem Essen punktete Tom bei Silke, indem er vom Angeln redete. Man sollte meinen, das sei die langweiligste Beschäftigung der Welt, aber er schaffte es, Silke mit seiner dramatischen Erzählung zu faszinieren. Am Ende wollte sie unbedingt einen Lachs fangen. Als Einziger, der noch fahrtüchtig war, fuhr ich uns zum Fluss zurück. Nun war Toms Stunde gekommen: Er schwang seine Angel wie einen Zauberstab und ließ Silke einen glibbrigen Wurm auf den Haken spießen. Im Spey wimmelt es von Forellen, Lachsen und anderen Fischarten und einige von ihnen waren offenkundig lebensmüde. So hatte Silke schnell ein Erfolgserlebnis und war entschlossen uns ein komplettes Abendessen zu erlegen.

Nachdem sie für jeden eine Forelle gefangen hatte – ein Lachs hatte sich wieder mal nicht gezeigt –, klatschte sie in die Hände und sagte: »Wir brauchen noch Salat; Fisch und Salat, es gibt nicht Gesünderes.«

»Jawoll, brauchen wir!«, sagte Tom, der Schleimer.

Ich sollte die Zutaten im nächsten Dorf kaufen. Sie wollen mich loswerden, argwöhnte ich, machte aber gute Miene zum bösen Spiel und kündigte an, eine besondere Flasche mitzubringen. Dabei zwinkerte ich Silke verschwörerisch zu.

Tom rollte die Augen zum Himmel. »Nach dem Urlaub brauch ich 'ne Entgiftung.«

»Aber dafür sind wir dann Whiskykenner.« Silke zwinkerte zurück.

Als ich wiederkam, hatten die beiden Feuer gemacht

und kochten Kaffee. Silke trug Toms Pullover und beobachtete, wie er fachmännisch die Forellen ausnahm. Ich zog eine Flasche Laphroaig aus der Tasche wie ein Zauberer das Kaninchen aus dem Zylinder.

Tom stöhnte.

»Der ist Medizin!«, sagte ich bedeutungsvoll. »Aber wir trinken ihn nach dem Essen. Vorher nehmen wir noch einen kleinen Glenlivet. Man kann ihn auch mit etwas Wasser verdünnen.«

»Sehr schön, aber lasst uns jetzt den Salat machen, Jungs. Das Angeln und der Whisky haben mich hungrig gemacht.«

Sie warf mir einen koketten Blick zu. War ich noch im Rennen?

»Was tut ihr denn so, wenn ihr nicht angelt oder Whisky trinkt?«

»Wirtschaftsinformatik, ich jongliere den ganzen Tag mit Zahlen«, sagte Tom entschuldigend.

»Lehrer«, sagte ich, »Englisch und Kunst!«

»Nein!«, sagte Silke. »Meine Fächer sind Geschichte und Deutsch.«

Bingo, nun lag ich vorn. Beim Salatraspeln und beim Essen sprachen wir über unsere Schulen. Tom suchte verzweifelt nach einer Möglichkeit sich einzuklinken.

»Kinder«, sagte er schließlich, »wir sind im Urlaub, lasst uns mal den Job vergessen. Ist die Bar etwa schon geschlossen?«

Ich zückte den Laphroaig, doch Silke wehrte lachend ab.

»Trink nur einen kleinen«, riet ich ihr, »der schmeckt nach Meer, ein wenig salzig und ölig, aber das liebt die Forelle in deinem Magen.«

Tom hielt seinen Campingbecher hoch und grölte: »Her mit dem Stoff! Hauptsache, er ist nicht sandig und steinig.«

Die Nacht war plötzlich sehr dunkel geworden, Mond und Sterne verbargen sich hinter Wolken, nur der Schein des Feuers wirkte noch sicher und vertraut. Silke fröstelte, sie schlang die Arme um ihre Knie und sagte mit Märchentanten-Stimme: »Ich weiß nicht, wie es euch geht, aber am Lagerfeuer muss ich einfach Geschichten erzählen. Wollt ihr eine Elfengeschichte hören?«

»Das ist genau, was ich jetzt brauche«, säuselte Tom.

Statt einer Antwort sah ich ihr tief in die Augen und rückte ein wenig näher heran. Es schien mir der passende Moment, meinen Arm um Silke zu legen. Zu dumm – Tom hatte die gleiche Idee gehabt. Wir funkelten einander böse an, dann zogen wir unsere Hände zurück.

Silkes Stimme klang tiefer als zuvor, fast rauchig, als sie zu erzählen begann: »In der Speyside lebten einmal zwei Männer, die wegen ihrer Geschicklichkeit auf der Geige berühmt waren ...«

Lag es am Laphroaig oder an Silkes einlullender Stimme? Ich erinnere mich nur noch dunkel an das, was nun folgte: Die Männer kamen zufällig in eine Wohnung, in der sich Gäste bei Musik und Tanz vergnügten. Angesteckt von ihrer Fröhlichkeit taten sie es ihnen gleich. Als sie aber am nächsten Morgen das Fest verließen, waren für die Menschen außerhalb der Wohnung hundert Jahre vergangen. Und weil sie sich fürchteten, nahmen sie in einer Kirche an einem Gottesdienst teil, doch beim ersten Wort des Priesters zerfielen sie zu Staub. Natürlich steckten Elfen hinter der Sache. Die schottischen Elfen müssen besonders boshaft und unberechenbar sein.

Als der Morgen dämmerte, erwachte ich vom Geräusch klappernder Zähne – meiner eigenen. Vom Feuer war nur noch ein Häufchen kalte Asche übrig. Neben mir lag Tom und schnarchte. Meine Glieder und mein Kopf schmerzten, als hätte ich hundert Jahre angekettet in einem feuchten Kerker verbracht. Ich schleppte mich zum Zelt.

Silke lag in meinem Schlafsack – ein verwuschelter Engel. Mich in ihr Haar wühlen, ihre Hüfte umfassen – meine Fantasie drohte mit mir durchzugehen. Zitternd schlüpfte ich in Toms Schlafsack. Kurz darauf kroch auch Tom ins Zelt. Schlotternd vor Kälte zwängte er sich zwischen Silke und mich und forderte seinen Schlafsack zurück.

»Wir könnten ihn uns teilen«, schlug ich vor.

»Spinnst du, Alter?«

»Oder soll ich lieber zu Silke …?«

»Denkst du, ich weiß nicht, dass du scharf auf sie bist? Aber das kannst du vergessen; wenn sie einen von uns will, dann mich.«

»Und warum hat sie dich nicht mit ins Zelt genommen?« Das Gleiche galt natürlich auch für mich, aber den Gedanken schob ich beiseite. So stritten wir einige Zeit – flüsternd, um Silke nicht zu wecken. Dann begann Tom an meinem beziehungsweise seinem Schlafsack zu zerren. Aber da hatte er sich den Falschen ausgesucht. Ich stieß ihn weg. Er schlug mir auf die Nase. Sie fing sofort an zu bluten. Der Scheißkerl wusste genau, wie er schlagen musste. Gerade wollte ich ihm meine Faust ins Gesicht drücken, da wurde Silke wach.

»Ach herrje«, sagte sie, als sie mein blutüberströmtes Gesicht sah. »Wie ist das denn passiert?«

Ich deutete auf Tom.

»Es ist doch nicht wegen mir?«

In grimmiger Einigkeit schüttelten Tom und ich die Köpfe. Silke kramte Taschentücher heraus, während das Blut auf meinen Pullover tropfte, dann pellte sie sich aus dem Schlafsack. »Jungs, ich muss euch nun leider verlassen.«

Weder mein »Es ist doch noch viel zu früh« noch Toms »Du brauchst wenigstens ein Frühstück« konnten sie umstimmen.

»Seid mir nicht böse. Ich hatte viel Spaß mit euch,

aber jetzt muss ich weiter – hab noch ein ziemliches Programm.« Sie hob hilflos die Arme.

»Ich komme manchmal nach Bottrop …«, log ich.

»Dann melde dich! Mein Freund und ich haben gerne Besuch.«

Mein Gott, ich hatte mich wie ein Idiot benommen!

Als sie weg war, betrachtete ich meinen Whiskyvorrat. Ich besaß noch den sechzehn Jahre alten Lagavulin. Auf den konnte man sich immer verlassen. Tom und ich sprachen kein Wort über Silke und unseren Streit. Er inspizierte seine Angel, schlich zum Fluss und spießte ein paar Bienenmaden auf den Haken. Eine Stunde lang starrte er finster aufs Wasser. Inzwischen hatte ein feiner Landregen eingesetzt – und da endlich geschah es: Ein Lachs biss an. Tom grinste, als hätte er eine sexy Blondine aufgerissen.

Zeit zu gehen, dachte ich, warf mir meinen Rucksack über die Schulter, rief ihm ein kurzes »Ciao, Sportsmann!« zu und lief zur Straße, um meinen Daumen rauszuhalten. Mein nächstes Ziel wartete schon auf mich: die Cragganmore Destillerie. Der Gedanke an einen zwölf Jahre alten, goldfarbenen Whisky mit komplexem Malt-Aroma legte sich wie eine kühle Kompresse auf meine fiebrige Seele.

Begegnung mit Whisky

Elke Schleich

Ein Wink des Schicksals oder purer Zufall? Zwei Mal war er ihr begegnet, beim Dorfbäcker und im Schwimmbad, und aller guten Dinge sollten bekanntlich drei sein. Nun ja, wenn er sich die Zusammentreffen in Erinnerung rief, war gut vielleicht ein bisschen übertrieben. Aber als geborener Optimist gab Daniel so schnell nicht auf.

Natürlich hatte er die Tür nicht absichtlich so schwungvoll geöffnet und selbstverständlich tat es ihm leid, dass die Brötchentüte auf dem Boden landete. Doch seine Entschuldigung wurde ignoriert. Kein Wort gönnte ihm die schöne Dunkelhaarige, nur einen blitzend-wütenden Blick. Der allerdings traf ihn umso mehr. Er wusste nicht genau, ob ins Herz, in den Magen oder ganz woanders. Jedenfalls stellte sich das gleiche Gefühl in seinem Innern ein, als er sie am nächsten Tag im Hallenbad sah. Aber auch sein munteres »So sieht man sich wieder« am Beckenrand löste keine positive Reaktion aus, vom Hochziehen eines Mundwinkels einmal abgesehen. Zwischen Bewunderung und Enttäuschung schwankend hatte er ihrem Kopfsprung ins Wasser hinterhergestaunt.

Daniel kniff die Augen zusammen. War sie es wirklich? Diese schlanke Gestalt im Trenchcoat, die dunklen Haare, die im Wind wehten … Doch, eindeutig seine spröde Schöne! Ging hier am Strand unter den Kreidefelsen bei rauem Wetter spazieren wie er, und das Beste: in Begleitung! Mittelgroß und blond, wahrscheinlich Labrador.

Er schmunzelte, wandte sich um und pfiff nach seinem Hund.

»Bisschen Tempo, wir haben noch was vor! Und zeig dich von deiner besten Seite, hörst du?«

Hechelnd spurtete der schwarze Zottelrüde heran und eilte mit großen Sprüngen voraus, als gelte es, die Bitte seines Herrn auf der Stelle umzusetzen.

Daniel folgte ihm und als er die Frau eingeholt hatte, blieb er neben ihr stehen und richtete wie sie den Blick auf die beiden Hunde, die in den auslaufenden Wellen herumtollten.

»Die verstehen sich ja super«, bemerkte er.

»Scheint so.«

»Wie heißt denn Ihrer?«

»Whisky.«

»Ich liebe Whisky«, sagte er im Brustton der Überzeugung.

Sie hob eine Augenbraue an, er antwortete mit einem Lächeln.

»Und Ihr Liebling?«, fragte sie; ein wenig Ironie schwang in der Stimme mit.

»Ich versteh nicht ganz.«

Augen so blau wie die Ostsee an einem Sonnentag, schoss es ihm durch den Kopf. Wenn sie nur nicht so kühl schauen würden.

»Na, wie er heißt!«

»Scotch.« Er freute sich diebisch über ihren verblüfften Gesichtsausdruck.

»Ich meinte Ihren Hund«, sagte sie.

»Den meinte ich auch.«

Ob ich unschuldig genug aussehe?, dachte er. In die Augen blicke ich ihr jetzt lieber nicht. Egal, es ist mir die Sache wert!

Doch schon kam es anders als erhofft.

»Sorry, die Anmache war nicht schlecht, aber …« Sie wandte sich ab, um zu gehen.

Daniel fasste schnell nach ihrem Arm. »Warten Sie!« Durch den Stoff des Trenchcoats spürte er ihre Körperwärme. Nur eine Sekunde. »Ich beweise Ihnen, dass ich die Wahrheit gesagt habe.« Und er rief gegen den Wind an: »Scooooootch!«

Sofort hielt der Rüde inne, schaute mit aufgerichteten Ohren herüber und rannte los, dass Wasser und Sand stoben.

Sie schwiegen, bis Daniels Hund angekommen war, dicht gefolgt von dem cremefarbenen Labrador.

»Na, so was! Da muss ich mich wohl entschuldigen«, sagte sie und ging in die Hocke. »Hallo, Scotch!«

Ihre Rechte wurde eingehend beschnuppert. Freundliches Schwanzwedeln begleitete das Kennenlernen.

Daniel bemerkte, wie die Kühle aus ihren Augen wich, das Lächeln die Gesichtszüge löste. Na endlich!

»Mögen Sie Whisky?«, fragte er.

Sie richtete sich auf. »Ja, sehr.« Und nach kurzem Zögern: »Tut mir leid wegen vorhin, ich dachte wirklich …«

»Uuups!«, fiel er ihr ins Wort, denn ihr Labrador hatte ihn fröhlich angesprungen.

»Aus, Whisky!«, rief sie – zu spät, zwei Pfotenabdrücke zierten seinen beigefarbenen Parka.

»Oh …« Bestürzt sah sie ihn an.

»Halb so wild, ist nicht mein Sonntagsanzug.«

Sie strich sich eine Haarsträhne hinters Ohr. Eine Zeitlang blickten sie beide auf das unruhige, bleigrau gefärbte Meer. Weit draußen war ein Schiff der weißen Flotte in Richtung Schweden unterwegs.

Sie hörten Stimmen und wandten die Köpfe. Eine Gruppe Strandspaziergänger näherte sich.

»Wollen wir was trinken gehen? Einen Whisky?«

»Nur wenn Sie mir Ihren Namen verraten«, antwortete sie.

»Jetzt bin ich es, der sich entschuldigen muss. Daniel Kruska heiße ich.«

»Nina Engelhart.« Sie reichte ihm die Hand. »Dann sind wir quitt.«

Während sie zum Restaurant *Fischerstube* in der Nähe des Hafens gingen, unterhielten sie sich über die Hunde. Daniel erzählte, dass sein Rüde vor drei Jahren als Welpe zu ihm gekommen war, am liebsten Kalbsknochen speiste und ihn jeden Tag ins Büro begleitete. Die Frage nach seinem Beruf lag nahe, doch Nina stellte sie nicht.

Wenig später saßen sie an einem Ecktisch. Sie waren die einzigen Gäste. Der Wirt hatte sie mit Handschlag begrüßt, er kannte Nina anscheinend. Über ihren Köpfen verbreitete nun eine Schiffsleuchte behagliches Licht und unter dem Tisch lagen die müdegetobten Hunde.

»Welchen bevorzugen Sie denn?«, fragte Nina.

Daniel sah von der Getränkekarte auf und in ein Augenpaar, dessen Farbe ihn, anders als im Tageslicht, an Blautopas erinnerte. Er strich sich über die Nasenwurzel.

»Sagen Sie erst Ihren Favoriten«, meinte er schließlich.

»Glenmorangie.«

»Ah ja … Und was mögen Sie an dem?«

»Sie sind kein Freund von ihm, nicht wahr?« Sie lächelte. »Ein Frauen-Whisky, denken Sie bestimmt. Ich mag an ihm einfach alles. Seinen Duft, beinahe blumig, aber auch die leicht salzige Note.« Ihr Blick bekam einen verträumten Ausdruck. »Man merkt, dass er in der Nähe des Meeres gebrannt wird. Und dann der erste Schluck im Mund … so mild und weich, und zum Schluss bleibt ein fast honigartiger Geschmack auf der Zunge.«

Er hatte ihr zugehört, ohne sie eine einzige Sekunde aus den Augen zu lassen, und schaute sie weiter unverwandt an.

»Erde an Daniel: Fertig mit dem Werbeblock!« Sie lachte kurz auf.

Daniel blieb ernst. »Ich glaube, wenn Sie etwas lieben, dann stehen Sie auch dazu. Ich würde gerne einen Glenmorangie trinken.«

»Anton hat immer eine Flasche für mich im Regal.«

»Sie sind wohl öfter hier.«

»Meistens bin ich im Herbst und im Frühjahr ein paar Tage auf Rügen«, antwortete sie. »Urlaub in den Highlands geht mit Hund ja nicht mehr – die Quarantäne. Und Sie?«

»Zum ersten Mal«, sagte Daniel. »Ich dachte, für einen Single-Urlaub ist es hier gerade das Richtige.«

»Um in Depressionen zu verfallen?«

Beide lachten.

»Nun verraten Sie mir aber Ihre Lieblingssorte.«

»Erst muss ich was gestehen.«

Sie schaute ihn auffordernd an.

Ehe Daniel antworten konnte, stand der Wirt am Tisch. Nina bestellte den Whisky.

»Und?«, fragte sie, nachdem Anton gegangen war. »Was ist nun mit Ihrem Geständnis?«

»Es geht um meinen Hund.« Er beugte sich über den Tisch und flüsterte: »Er heißt Hodge.«

Nina holte tief Luft und ließ sich gegen die Stuhllehne fallen.

Schnell sprach er weiter: »Als ich von Ihnen den Hundenamen hörte, kam mir die Vermutung, dass Sie Whisky lieben könnten. Ich wollte zu gerne …« Er schob die Bierdeckel auf der Tischdecke hin und her. »Eine dumme Idee, ich weiß.«

»Was wollten Sie zu gerne?«

Die Whiskys wurden gebracht.

Daniel hob sein Glas. »Auf unser Lieblingsgetränk.« Er roch daran, nahm einen Schluck und schloss die Augen. Öffnete sie wieder, stellte das Glas ab und sagte: »Es stimmt.«

»Was?«

»Was du über den Glenmorangie gesagt hast.«

»Das dürfte dir doch nicht neu gewesen sein.«

Er hielt wortlos ihren Blick fest, bis er darin gewahr wurde, dass sie verstand.

Der Mond war prächtig

Reinhart Hummel

Das Paradies liegt präzise im geografischen Mittel von Basel und Zürich, dort, wo die düsteren jurassischen Wälder vom Norden her, der Bözberg im Osten und das hügelige Faltenjura im Süden eine Gegend bestimmen, die die Toskana des Aargaus genannt wird. Ich las davon in einem vergilbten Schulbuch, das ich eines verregneten Nachmittags auf dem Dachboden einer Tante fand. Die Sonne scheine dort 40 Tage mehr als anderswo. Einzigartige Pfeifengraswiesen gediehen hier auf Malmkalkböden schöner als irgendwo sonst auf der Welt. Es gebe hier noch die außerordentlich seltene braune Mauereidechse, deren Schwanz länger sei als die Distanz von ihrer Kopfspitze bis zu den Hinterbeinen.

Ich nahm mir vor, dieser eigenwilligen Toskana einst einen Besuch abzustatten. Aber ich vergaß es wieder.

Bis mir jener Artikel im *Beobachter*, dem ultimativen Schweizer Konsumentenmagazin, in die Hände fiel. Es war die Rede von einem Schnapspapst, der sich der Berner Rose, einer alten, abgefahrenen Apfelsorte, verschrieben habe. Einer Apfelsorte, die so ziemlich alle Nachteile in sich vereinige, die man sich vorstellen könne. Sie bringe nur alle zwei Jahre Früchte hervor, sei anfällig für jede denkbare Krankheit und lasse zwei Drittel ihrer Früchte vorzeitig fallen, um ein paar wenigen zu einem zauberhaften lila Schimmer und einem einzigartigen Duft zu verhelfen. Und dieser Schnapspapst brenne alles, was ihm in die Finger komme. Sogar aus Geranien mache er Schnaps. Auch aus Spargel und Knoblauch.

Irgendwann würde ich hinfahren. Irgendwann würde ich nachschauen, ob sich die Berner Rose von 1888 wirklich ins 21. Jahrhundert hatte retten lassen. Ob die Sonne dort tatsächlich so viel mehr Wärme zustande brachte und damit dieser Eidechse die Vermehrung schmackhafter machte als anderswo. Und vor allem, ob der Schnapspapst aus dieser Berner Rose wahrhaftig einen Edelbrand der obersten Liga fertigbrächte.

Eine Krankheit hinderte mich, hinzufahren.

Ich sammelte in dieser Zeit, was immer ich auftreiben konnte. Und wieder war es der *Beobachter*, der mich scharf machte. *Schnapspapst macht Schweiz zum Whiskyland*. Fett die Überschrift, großformatig die Bilder. Bilder von diesem Typen, feuerspeiend mit eigenem Brand, magisch im Hintergrund die Destille. Er wolle

Schweizer Whisky als Luxusartikel etablieren. Seine eigene Whiskygeschichte schreiben, ohne die Schotten. Er würde der Perfekteste werden, behauptete er, der Beste überhaupt. Seine Whiskys würden die Welt erobern, war er überzeugt. Er setze nicht auf Alter, wie das die Schotten tun, sein Whisky lagere in außergewöhnlichen Hölzern, in Ungarischer und Weißrussischer Eiche, Tessiner Kastanie, Aargauer Kirschbaum.

Das genügte. Ich musste hin.

Einige Wochen später fuhr ich.

War ich einem Genie auf der Spur? Einem Talent mit Schnapsideen? Vielleicht einem jener, die in den Rhein pinkeln und meinen, es gäbe eine Überschwemmung? Einem Künstler, dem aus Wasser Whisky gelang?

Die Anreise über die Autobahn war einfach, Ausfahrt Frick leicht zu merken. Ein Navigationsgerät brauchte ich nicht. In mein Gepäck hatte ich neben einem Fotoapparat für Eidechsen eine Packung Kondome gelegt, weil es hieß, die Mädchen in diesem hügeligen Hinterland seien besonders hungrig auf Auswärtige. Man konnte ja nie wissen.

Was ich rechts und links der Straße sah, gefiel mir. Hügel, grün, meist sanft, manchmal Wald, gelegentlich Weinberge, oft Wiesen oder Kornfelder. Darin Toskanisches zu entdecken, musste ich jedoch alle Fantasie in mir auf Touren bringen. Das Licht war diffus, der Himmel schlierig, die Häuser gebeugte Bauerngehöfte mit tiefen Dächern, die Bäume breit und mächtig, nicht schlank in unendlichen Reihen nach oben strebend. Jedoch ließen die geschwungenen Linien der Anhöhen Toskanisches anklingen. Ich fühlte mich wie in den Ferien. Schon in Bözen mit seinen wenigen hundert Einwohnern sah ich das Schild *Whisky Castle*. Das musste es sein. Ich bog ab und landete in einer flachen Mulde des Juras. Dort lag Elfingen vor mir. Im einzigen Gasthaus, dem *Sternen*, bezog ich Quartier.

In der Nacht, so hatte ich erfahren, sollte der erste Vollmondwhisky der Welt entstehen. Allein die Vorstellung eines Brennvorgangs in einer Vollmondnacht versetzte mich in gewaltigen Erwartungsrausch. Pünktlich um zehn Uhr abends traf ich mit meiner Taschenlampe vor dem Castle ein, das einer amerikanischen Farmbrennerei nachempfunden war und seltsam deplatziert wirkte im schweizerischen Abseits. In kleinen Grüppchen standen Gäste vor dem seltsamen Gebäude, das an Kirchen alter Westernfilme erinnerte. In diesem riesigen halbrunden Erker, der über uns herausragte, vermutete man eine Orgel; statt ihrer Pfeifen jedoch glänzten Flaschen hinter einer halbrunden Bar.

»Wissen Sie, alle meinen, nur Iren oder Schotten verstünden sich auf Whisky. Ich werde dieses Vorurteil widerlegen. Ich schaffe das Unverwechselbare.«

Der Brenner rieb sich die Hände. Wir waren gut 30 Beobachter des Vollmond-Events. Geladene Gäste, so schien es mir, ein paar Presseleute und einige Zufällige wie ich. Jeder bekam ein Glas. Whisky vom Feinsten. Ein lukullischer Streifzug wurde uns in Aussicht gestellt durch die ganze Welt und die ganze Nacht. Auserlesenste Destillate würden uns zu wahren Höhenflügen geleiten. Große Versprechen. Ich war gespannt.

Inzwischen umstanden wir das Herzstück des Whisky Castles, einen 600-Liter-Pot-Still.

»Der Einzige auf dem europäischen Festland. Kupfer, handgehämmert. Nur in diesem zwiebelförmigen Aufsatz mit seinem Schwanenhals entsteht das charakteristische Whisky-Aroma«, schwärmte der Brennmeister.

Sie stand fast neben mir. Ich blickte hinüber. Was ich sah, gefiel mir: Sommersprossen um eine kleine Nase und ein Mund, der einlud zum Whiskytrinken und mehr. Viel mehr. Augen, in denen sich handgehämmerte Kupferkessel spiegelten. Bluse und Jeans, deren Inhalt ahnen und mich automatisch in meiner Tasche suchen ließ. Dort fand ich allerdings nicht jene quadratischen Verpackungen mit rundem Innern. Ich musste sie vergessen haben, die bunten Dinger, die Schutz bieten sollten in den großartigsten aller Lebenslagen.

Mit ihr anzubändeln war leicht. Whisky unser Thema. »Ausgeprägt rauchig, finden Sie nicht auch, diese Premium Edition?«

»Ja, da mögen Sie recht haben. Aber im Gaumen breit und sehr komplex.«

»Vereinen sich die Geschmäcker von Rosen, Butter, Honig und Rauch nicht zu einer prächtigen Süße?«

»Stimmt, eine fantastische Ausgewogenheit.«

»Und sein Abgang, gewaltig, ein echter Nachbrenner.«

Unsere Blicke tauchten auf aus den goldigen Leckereien unserer Gläser. Sie trafen sich und wir prusteten vor Lachen.

»Na, sagen wir einfach, er schmeckt klasse.« Ihr Lachen kullerte.

»Unbeschreiblich.« Mein Kommentar.

Sie: »Stark.«

»Saustark.« Ich.

Beide: »Megasaustark.«

Wir lachten fast ohne Ende. Sie heiße Ladina, verriet sie mir zwischen zwei Lachsalven. Wir verstanden uns.

Der Mond war prächtig. Der richtige zum Brennen von Whisky. Und der richtige für Annäherungen. Beides gemeinsam war ein Geschenk, das ich unmöglich abschlagen konnte. Ich kümmerte mich um sie. Wenn sie mir vom Whisky und seinen Aromen, von Brombeernuancen und dem Duft nach geröstetem Kaffee erzählte und von seinem feinen Kastanienhauch und der großartigen Wärme, die er in ihr erzeuge, fühlte ich Verbundenheit in meinem Schwärmen von seiner Bernsteinfarbe und dem Gout nach Vanille und frischen Früchten eingebettet in nussige Süße. Die Schlückchen waren winzig, jedoch groß die Emotionen, die sie freisetzten.

Wir liefen die romantische Straße mit dem Schild *Whisky Valley* entlang. Und wir lachten, weil ein Whiskytal mit einem Whiskyschloss in der kleinen Schweiz mit ihren sauberen Kühen, der wunderbaren Schokolade und den strammen Jodlern einfach nicht in unsere Köpfe passen wollte. Das Dorf lag weit zurück, als wir zueinander und den richtigen Platz dafür fanden; Gras unter uns, eine Mauer aus Natursteinen neben uns. Nur kurz dachte ich an die Mauereidechse, während mir Ladinas Sommersprossen sehr nahe kamen. Auch die Berner Rose streifte ich nur spärlich in Gedanken. Die Sonne war längst untergegangen. Und ob das Gras unter uns jenes berühmte Pfeifengras hätte sein können, interessierte mich im Moment wenig. Ein weiteres Mal griff ich vergeblich in meine Tasche, bevor ich sie samt der Hose auszog.

Ihr Mund war Whisky der allerfeinsten Sorte. Er vereinte alles Dagewesene und versprach Unendliches. Vorsätze schickte er zum Teufel. Bedenken kehrte er ins Gegenteil. Ideen machte er wahr. Ich staunte nicht schlecht und dachte an den Wink vom Hunger der Mädchen in diesem hügeligen Hinterland und ob ich ihn wohl würde stillen können. Ich gab mir Mühe. Und ich wurde belohnt.

Irgendwann gingen wir zurück. Der Mond stand

riesig am Himmel und sein Einfluss auf Whisky und alles andere und besonders auf Ladina und mich ging mir schwerwiegend durch den Kopf.

Als wir im Whisky Castle ankamen, tröpfelte das Destillat aus dem Schwanenhals. Es herrschte gespannte Stille. Die Zuschauer starrten auf die ersten Tropfen Whisky – bis sie uns bemerkten. Alle sahen sie zu uns her, als wüssten sie von unserer außergewöhnlichen Degustation. Ich glaube, sie rochen es. Sie witterten es zwischen den famosen Whiskydünsten, welche die Destillerie durchzogen. Ich hatte da mal so etwas gelesen, dass danach … Na ja, vielleicht leuchteten wir auch nur und stahlen damit dem Pot Still einen Moment lang die Show.

»Das Wasser für diesen Whisky wurde in einer Vollmondnacht von der Quelle geholt und mit Rauchmalz angesetzt«, erzählte der Meister eifrig, »die Maische, also das vergorene Korn, wird heute, abermals bei Vollmond, in der Brennblase erhitzt, und ab 78° C beginnt der Alkohol vor dem Wasser zu sieden.«

Der Brennmeister erklärte ausgeschlafen, er nahm seine Aufgabe ernst. Ich begriff, es ging nicht um einen Job, sondern um Hingabe. Er hatte sich dem Brennen des Feinsten vom Feinen verschrieben.

»Der Alkoholdampf steigt in diesen Schwanenhals dort oben und wird kondensiert, das heißt, erneut verflüssigt.« Er sah zu uns herüber.

»Die spezielle Form des Pot Stills ist für den

Geschmack des Whiskys entscheidend. Eine lange, schlanke Form macht ihn weich, eine kurze, gedrungene dagegen kräftig und intensiv.« Wieder blickte er her.

»Wichtig für den Geschmack ist auch die Art des Aufheizens. Langsames Heizen, so zwischen vier und acht Stunden, gibt dem Whisky seine Weichheit.«

Auch er riecht es oder sieht uns an, dass wir nicht nur seinen Whisky gekostet haben, dachte ich. Ich sah zu Ladina hinüber. Sie leuchtete erhitzt. Ihre Sommersprossen schwammen in Röte.

»Die Herabsetzung des Alkoholgehaltes erfolgt ebenfalls mit Vollmondwasser und die Abfüllung wird noch in derselben Nacht vollzogen.«

Die Erklärungen des ambitionierten Brennmeisters verwischten zuweilen unter dem Einfluss des großartigen Abenteuers an der Mauer ... bis ich seine Worte plötzlich wieder messerscharf wahrnahm:

»...denn Sie wissen ja: Neunzig Prozent der Menschen auf diesem Planeten verdanken ihre Existenz einer Flasche Whisky in einer Samstagnacht, behauptete einst John Lennon.« Alle sahen zu uns her. Ich dachte über seine Worte nach und wartete auf den Schock, den sie in mir auslösen müssten. Immerhin war Samstagnacht und der Whisky so reichlich wie der Vollmond. Ladina schaute mich an, als suche sie Bestürzung in meinem Gesicht. Aber sie sah ein Lächeln und es schien ihr zu gefallen, denn sie lächelte zurück. Ich beugte mich zu ihr und flüsterte: »Der kleine Hosenscheißer wird auch zu diesen neunzig Prozent gehören.«

»Du spinnst ja.«

Am Ende der Whiskynacht hatte ich endlich Gelegenheit, den Meister zu fragen: »Meinen Sie wirklich, der Vollmond habe einen so großen Einfluss auf die Güte Ihres Whiskys?«

»Auf den Whisky nicht, mein Freund.«

»Aber warum denn dann dieses ganze Spektakel?«, wollte ich wissen.

»Nicht Esoterik ist es, die mich leitet, sondern Marketing. Ganz einfach.«

Er zwinkerte mir zu. »Aber auf uns Menschen. Auf uns Menschen und unser Paarungsverhalten hat er Einfluss, ganz ohne Zweifel. Und natürlich auf die Geburtenrate!«, rief er lachend und sah dabei auf die Armaturen des Pot Stills, bevor er dahinter verschwand.

Auf dem Tisch lagen Zeitschriften. Ich griff mir wahllos eine. *Natur* stand darauf. Gelangweilt blätterte ich darin, mein Blick hüpfte von einem Bild zum anderen bis zu dieser Eidechse. Ich las ein Stück Text:

Die größte Population der braunen Mauereidechse, deren Schwanz länger ist als die Distanz von ihrer Kopfspitze bis zu den Hinterbeinen, findet man im Bereich des Züricher Hauptbahnhofes.

Einen kleinen Moment fühlte ich mich betrogen, sofort aber fiel mir ein, was die Aargauer Toskana anstelle der Eidechsen für mich bereitgehalten hatte.

Das Warten nahm kein Ende. Ich griff nach einem anderen Blatt, dem *Gourmet*. Auch darin blätterte ich ohne Ziel, bis ich auf die Zeilen stieß:

> *Mit Vollmondwhisky zum Überflieger des Jahres.*
> *Der Meisterbrenner vom Whisky Castle wurde soeben zu Europas Brenner des Jahres gekürt. Die Bruichladdich-Legende Jim McEwan macht ihm auf der Gourmesse Komplimente für die Qualität seiner Whiskys. Ein verdienter Lohn für hohe Investitionen an Enthusiasmus, Zeit und Geld.*

Die Idee war da und ich rannte davon. Im Feinkostladen an der Ecke fand ich ihn, bat um zwei Gläser und nahm unterwegs noch einen Kübel voller Rosen mit. Als sie aus dem Sprechzimmer kam, fiel sie mir um den Hals. Wir stießen mit dem ersten Vollmondwhisky der Welt an. Sie natürlich nahm nur einen winzigen Schluck, bevor sie für lange Monate höchstens noch daran riechen durfte.

Um die Berner Rose, diese dubiose Apfelsorte, würde ich mich eines anderen Tages kümmern. Vielleicht mit einem kleinen Hosenscheißer jener neunzig Prozent.

»Whisky ist flüssiges Sonnenlicht.«

GEORGE BERNARD SHAW

WHISKY BIRGT ERINNERUNGEN

Marthas Platz

Arno Endler

Sean genoss die wärmenden Strahlen der Sonne auf seinem Gesicht. Eine leichte Brise von der See fuhr durch sein graues Haar und wehte den Duft von Salzwasser in seine Nase.

»Ist das nicht ein herrlicher Tag, Shorty?«, rief er. Dabei streckte er seine rechte Hand hoch in die Luft, wie wenn ihm die Welt gehören würde. Der Rucksack auf seinen Schultern hüpfte und ein leises Klirren mahnte ihn zur Vorsicht.

Finn, der von allen nur Shorty genannt wurde, betrachtete den Rucksack besorgt, runzelte die Stirn und schwieg, wie es so seine Art war. Still folgte er Sean, der zielstrebig der Straße folgte und gleichzeitig die schöne Landschaft, das herrliche Wetter und das Leben im Allgemeinen lobte.

Während die beiden Männer oberhalb der schottischen Ostküstenlinie entlangwanderten, mussten sie nur einmal einem heranbrausenden Wagen Platz machen. Ein Mietwagen, dessen frische Dellen an den Kotflügeln Sean zum Lachen reizten.

»Wieder mal ein Touri, der das Fahren in den Highlands noch lernen muss.« Er blökte laut und sah sich beifallheischend nach Finn um; der hob eine Augenbraue, was für ihn einen mittleren Begeisterungssturm darstellte.

»Da sind wir!«, verkündete Sean und bog von der Straße ab, die an dieser Stelle mit einem dünnen Drahtzaun in Kniehöhe von der Schafweide getrennt wurde, welche mit starkem Gefälle bis hinab ans Meer reichte. Dort, wo die leichten Wellen an Land schlugen, begrenzten Felsen die Weide und hielten unvorsichtige Schafe davon ab, ins Wasser zu stürzen.

Sean stieg über den Draht, wartete nicht ab, ob Finn ihm folgte, sondern schritt zielstrebig auf den Findling zu, einen drei Meter breiten Granitblock, den der Boden ausgespuckt zu haben schien. Er kletterte hinauf und machte es sich auf dem Stein bequem. Mit einem Seufzer griff er nach den Schultergurten und nahm den Rucksack vom Rücken.

Finn setzte sich neben ihn und beobachtete mit Argusaugen, wie der Rucksack geöffnet wurde.

»Hier, mein Freund.« Sean reichte ihm einen Quaiche aus echtem Silber.

Finn nickte, ließ seine Finger sanft über die feinen

Gravurarbeiten an der Außenseite der Trinkschale gleiten, pfiff leise vor sich hin und meinte dann: »Schön.«

»Du sagst es, Shorty!«, rief Sean, während er einen zweiten Quaiche vor sich abstellte. »Es gibt wenig Schöneres auf der Welt!«

Erneut griff er in den Rucksack und zog eine unetikettierte Flasche heraus, deren Korken nur halb im Hals steckte und in der eine hellgelbe Flüssigkeit schwappte.

»Frisch vom Fass, Shorty. Frisch vom Fass!«

Finns Augen leuchteten.

»Aber zunächst ...« Sean stockte, blickte über die Schulter hoch in Richtung Straße. »Was zum ...«

Auch Finn sah sich um.

»Äh! Hallo!«, rief der Mann mit den wenigen Haaren auf dem Kopf, dessen Brille im Sonnenlicht funkelte und der mit einer Landkarte in der Hand winkte.

»Ein Touri«, stöhnte Sean.

Der Fremde kam näher, lächelte verlegen, während er unaufhörlich die Karte schwenkte.

Sean sah Finn an.

»Was will er mit einer Karte? Entweder rauf die Küste zu John O'Groates oder runter die Küste. Wir sind in Schottland!«

Finn nickte.

Dann stand der Mann vor ihnen und stotterte los: »Äh! Netter Tag, nicht wahr? Äh. Vielleicht ... Ich brauche Hilfe mit dem ... äh – Weg.«

»Italien?«, fragte Finn.

Sean sah seinen Kumpel erstaunt an.

»Was? Äh. Ich? Bin ich Italienisch? Nein!« Der Tourist schüttelte den Kopf. »Ist mein Englisch so schlecht?«

»Nein!« Sean lachte brüllend auf, was den Fremden zusammenzucken ließ. »Komm hoch! Setz dich zu uns.« Er winkte.

Der Mann überlegte einen Moment und kletterte dann auf den Findling. Sie rückten ein wenig, so dass er sich zwischen sie setzen konnte.

»Hier!«, sagte Sean und reichte ihm den letzten Quaiche, den er im Rucksack mitgeschleppt hatte. Sein Gast wirkte etwas unsicher, als er die Trinkschale entgegennahm. »Danke«, sagte er und dann: »Vielmals. – Ist dies ein Quaiche?«

Sean war beeindruckt. »Deutscher?«, fragte er.

»Ja. Hört man es an meinem Akzent?«

»Nicht unbedingt«, erklärte Finn, »aber nur ein Deutscher glänzt mit seinem Wissen über die schottischen Traditionen.«

Sean starrte ihn verwundert an. Wann hatte Finn letztmals einen so langen Satz gesprochen?

»Man trinkt Whisky daraus, nicht wahr?«, fragte der Tourist.

»Yep!« Sean schwenkte die Flasche mit der sonnenblumenfarbenen Flüssigkeit. »Single Malt. Wasser des Lebens. Schottisches Herzblut.« Dann entkorkte er die

Flasche und schnüffelte an der Öffnung. »Aah! Heimat!«, seufzte er. »Reicht mir die Quaiches!«

Finn streckte seinen Arm aus und hielt die Trinkschale direkt vor Seans Nase.

»Hier, Shorty, mein Freund«, sagte Sean und goss reichlich ein. »Und jetzt du noch!«

Mit diesen Worten schenkte er dem Touristen ein und danach sich selbst.

»Wie ist dein Name?«

»Wilfried!«

»Ich taufe dich Wally!« Sean prostete ihm zu. »Sláinte!«

»Sláinte!«, antworteten Finn und der frisch umbenannte Wally.

Die drei Männer auf dem Findling auf der Weide, oberhalb der leicht wogenden Nordsee, rochen den Duft des Destillates, genossen das Gefühl der silbernen Quaiches in den Händen und den herben Geschmack des Single Malt auf der Zunge.

Andächtige Stille folgte, die von dem fernen Gekreische der Möwen und dem leisen Mähen der Schafe noch betont wurde. Die Sonne schien, das Meer blitzte blau, der Geruch des Salzwassers mischte sich mit dem kräftigen Aroma des Whiskys – es war der perfekte Nachmittag, so, wie Sean ihn geplant hatte.

»Ist das ein Tropfen?!«, fragte er, ohne die beiden Trinkgenossen dabei anzusehen. Sein Blick ruhte auf der Horizontlinie, wo sich weiß eine Wolkenwand abzeichnete.

»Gewaltig«, bestätigte Finn.

»Unglaublich«, stimmte Wally zu.

Dann schwiegen sie wieder, da ein weiterer Schluck Single Malt fällig wurde.

Nach einer Weile meinte Wally: »Wirklich phantastisch, was ihr Schotten aus so wenigen Zutaten ... äh – produzieren könnt. Wo ist der Malt her?«

Sean deutete Richtung Süden die Küste entlang.

»Dort, etwa drei Meilen entfernt, liegt die Destillerie.«

»Ah! Brora!«

»Nein, nein, das ist der neue Name, eigentlich heißt sie seit ewigen Zeiten Clynelish. Aber dann wurde direkt daneben eine zweite Brennerei eröffnet und man hat sie einfach auch Clynelish genannt und die erste in Brora umgetauft. Doch für uns Highlander gibt es nach wie vor nur eine Brennerei Clynelish, und das ist und bleibt die alte.«

Der Tourist kicherte.

Sean fragte sich, ob er einen anständigen Schluck nicht vertrug. »Was ist daran so komisch?«

»Der Name. In meiner Sprache klingt es wie *kleinlich*.«

»Aha«, sagte Finn, leerte den Quaiche und streckte ihn Sean zum Einschenken entgegen.

»Du solltest sie besuchen!«, meinte Sean, als er alle drei Schalen wieder gefüllt hatte.

»Wen?«, fragte Wally.

»Na – die Destillerie! Es lohnt sich.« Sean trank, spürte wieder die Wärme durch seine Kehle fluten, sich im Magen ausbreiten und alle inneren Organe erfreuen. Er nahm einen weiteren Schluck und sah hinaus aufs Meer. »Schaut mal!« Er wies auf die weiße Wand, die über dem Wasser schwebte und stetig näherkam. »Wenn Martha jetzt bei uns wäre, würde sie uns die Hölle heiß machen, weil wir noch nicht verschwunden sind.«

»Ähm, wer ist Martha?«, fragte Wally.

»Seine Frau«, erklärte Finn, während er seinen Quaiche von Sean nachfüllen ließ.

»Meine Martha konnte das Wetter fühlen, achtete auf kleine Anzeichen wie zum Beispiel, dass die Schafe still werden, so wie jetzt. Dann nahm sie einen Schluck und sagte: Sean Blaan Callum McAllister! Es wird Zeit zu gehen! So sagte sie es.«

»Aye!«, bestätigte Finn und hob den Quaiche.

»Aber heute ist sie nicht hier.« Sean rappelte sich auf, schwankte leicht, fand jedoch rechtzeitig einen sicheren Stand auf dem Findling. Finn tat es ihm gleich und nach wenigen Sekunden erhob sich auch Wally.

Sean leerte die Flasche zu ungleichen Teilen in die drei Quaiches. Dann hob er seine Trinkschale Richtung Meer und grüßte die Wolkenwand, die nur noch hundert Meter von der Küste entfernt war. »Auf dich, Martha, meine Blume! Dies ist dein Platz gewesen! Wally trinkt aus deinem Quaiche, den ich immer in Ehren halten werde! Dies ist der Malt, den du so geliebt hast! Dies ist der Moment, um Abschied zu nehmen.«

Seine Stimme brach.

Die anschließende Stille schien ohrenbetäubend, selbst die Möwen waren verstummt. Wie ein gewaltiger Wattebausch rollte die Wolkenwand über das Wasser und bedeckte es, verbarg es vor den Blicken der drei Männer, die ihre Trinkschalen leerten.

Innerhalb kurzer Zeit standen sie im Nebel.

Sean steckte die Flasche zurück in den Rucksack, nahm seinen Quaiche und den, aus dem Finn getrunken hatte, und stopfte sie behutsam dazu. Dann sah er den Touristen an, der betreten schweigend die Silberschale in seiner Hand betrachtete und an dessen Wangen einige Tränen glitzerten.

»Das ist der Quaiche deiner verstorbenen Frau?«, krächzte Wally.

»Aye.«

»Wie lange ist sie denn schon tot?«

Sean legte ihm die Hand auf die Schulter. »Vierundzwanzig Jahre. Finn und ich kommen jedes Jahr an ihrem Geburtstag hierher und feiern mit einer Flasche Clynelish. Sie liebte diesen Whisky – und so ist sie glücklich gestorben, als das Fass vom Laster rollte.«

»Was?« Wally schrie entsetzt auf.

Sean grinste, sprang vom Felsen und winkte seinen beiden Trinkgenossen zu, ihm zu folgen.

Finn hüpfte herab und grinste ebenfalls.

Der Tourist stand stocksteif auf dem Findling, den Quaiche noch immer in der Hand.

»Jetzt komm schon, Wally!«, sagte Sean. »Noch nie was vom schottischen Humor gehört?« Er winkte energisch. »Martha ist in ihrem Bett gestorben, viel zu früh, aber friedlich. Und sie liebte den Whisky, diesen Platz und – mich. Also spring, gib mir den Quaiche und dann gehen wir in den Pub. Auf den Schreck müssen wir einen trinken.«

Nach zwei weiteren aufmunternden Handbewegungen sprang Wally endlich vom Felsen.

Gemeinsam suchten sich die drei Männer den Weg durch den Nebel zur Straße.

Sean blieb für einen Moment stehen, drehte sich um und blickte zum Findling zurück. Im weißen Dunst sah er die Umrisse einer schlanken Frau dort auf dem Stein.

Er lächelte, dann verließ auch er Marthas Platz.

Aprikose und Karamell

Gudrun Büchler

Steinchen massierten meine Fußsohlen auf dem Weg, dem ich genauso brav folgte wie dem Rat, besser barfuß zu gehen als in meinen Stadtstelzen, wie der uralte Mann am Bahnhof sie genannt hatte. Über das Weideland, durch das die Schotterstraße führte, flatterten und schwirrten Scharen brauner Vögel. Keine Ahnung, wie sie hießen, in Chicago hatte ich solche noch nie gesehen.

Oben, auf dem Hügel, blieb ich stehen. Der Mann hatte gemeint, von dort aus sähe ich es dann schon, und Recht hatte er. Zwischen all den Wiesen mit den schwarz-weißen Rindern vor mir leuchtete ein gelber Teppich, dessen Muster sich im Wind veränderte. Ich strich mir die Haare hinters Ohr, hob die Hand über die Augen. Richtig, besagtes Gerstenfeld fand ich, ohne Gerste von Weizen unterscheiden zu können.

Und auch dieser Anwalt hatte recht. Das Feld riss ein

Loch in die Landschaft. Mich erinnerte es allerdings an eines dieser Sonnenlöcher, so als öffnete sich endlich die Wolkendecke nach fünf regnerischen Dunsttagen über der Skyline. Obwohl der Anwalt geschrieben hatte, Eile sei geboten, atmete ich tief ein und dankte dem alten Mann dafür, dass ich barfuß hier stand und seit langem, langem endlich wieder genau das Gegenteil von Eile empfand.

Für einen Moment zumindest. Genug geschwelgt, wie sollte ich zu diesem Feld kommen? Die Luftlinie führte über mindestens drei Zäune, bei denen man offenbar vergessen hatte, Gatter einzubauen, und die Rinder dazwischen waren in der Überzahl.

»Ma'am?«

Ich drehte mich um. Hinter mir stützte sich der uralte Mann auf den Lenker eines Fahrrads. Die feinen, weißen Haare wehten ihm um den Kopf, als wollten sie von seinem Blick ablenken, von diesen blauen Augen, die so hell waren wie der Sommerhimmel und zwischen all den Sommersprossen und Pigmentflecken und Falten in seinem Gesicht auffielen. Er zeigte auf meine Füße. »Sie sind eine kluge Frau.«

»Und Sie ein kluger Mann.« Ich lächelte. »Können Sie mir auch sagen, wie ich von hier zum Feld hinübergelange?«

Er klopfte auf den Gepäckträger hinter sich. »Steigen Sie auf.«

Wir ratterten über die Schotterstraße, bogen zwölf Schlaglöcher später rechts ab, ratterten immer an Zäunen entlang, bis wir einen Bach erreichten und noch einmal rechts abbogen, und inzwischen hätte mir ein dritter Arm nicht mehr geholfen, mich an den Mann zu klammern. Ich sprang ab.

»Sie sind eine zähe Frau.« Er hielt an, grinste und schob das Fahrrad die 600 Meter, bis wir das Gerstenfeld erreichten – oder waren es 800? Ungefähr jenes Pensum jedenfalls, das ich dienstags und donnerstags auf dem Laufband leistete.

»Das berühmte Gerstenfeld von Matthew O'Leary.« Er strich mit der Hand über die Grannen.

»Wieso berühmt?«

»Hätten Sie sonst den weiten Weg von Chicago nach Memphis gemacht?«

Ich hob den Daumen und reichte ihm die Hand. »Geena Jackson. Danke, Mister ...?«

»Nenn mich Matt.«

»Sie sind Matt O'Leary?«

»Du bist eine kluge Frau, sag ich doch.«

»Dann sind Sie ... bist du ...«

Er nickte. »Die Klugheit liegt bei uns in der Familie.«

Und da stand ich also mit meinen Schuhen in der Hand in einer Gegend, in der es auch gleich so viel von dieser Gegend gab, und stand einem Urgroßvater gegenüber, von dessen Existenz ich bis vor zwei Wochen nichts gewusst hatte. Sie sind das letzte Familienmitglied von Mr. O'Leary, hatte der Anwalt geschrieben, wir sind froh, Sie gefunden zu haben! Wirken Sie auf ihn ein, das Feld nicht an die Methodisten zu überschreiben. Nehmen Sie Kontakt mit ihm auf und überzeugen Sie ihn und sich selbst davon, dass der Zeitpunkt günstig ist, es zum dreifachen Wert an unseren Mandanten zu verkaufen, hatte er geschrieben, und das Argument leuchtete mir in Chicago ein. Hier draußen, in dieser vielen Gegend allerdings klang es auf einmal so ... unpassend und ich wusste nicht mehr genau, warum ich gekommen war.

»In unserer Familie ist allerdings keiner auf den Mund gefallen«, setzte Matt wieder an. »Und nach einer langen Trennung begrüßt man sich mit einem ordentlichen Schluck Whiskey. Komm.« Er schlug den Pfad links entlang des Feldes ein und ein weiteres Laufpensum später erreichten wir den Erdhügel am oberen Ende, auf dem die Birke wuchs, die ich von weitem gesehen hatte. Birken erkenne ich immer, selbst, wenn mir die Füße wehtun. Ich bin in einer Sandkiste unter einer Birke groß geworden. Neben dieser hier stand außerdem eine Steinbank, die sicher schon vieles belauscht hatte, und ein Schornstein lugte aus dem Boden. Aber bevor ich Matt dazu befragen konnte, stieß er eine Holztür auf, die in den Hügel führte.

»Ich hoffe, du wohnst hier nicht«, entfuhr es mir, zeitgleich bemüht, den Atemzug voll Moder und stickiger Luft wieder aus mir rauszupumpen.

Matt nickte und ich konnte mir nun aussuchen, was er damit meinte. Aber nachdem ich eine kluge Frau sein wollte, schwieg ich und sah mich in diesem Erdkeller um, dessen einzige Lichtquelle im Moment der Türspalt zu sein schien. Ich glaube, ich war froh darüber. Matts Silhouette verschwand im Dunkel. So groß konnte dieser Raum doch nicht sein? Ich hörte Gläser klirren und hoffte, das Kribbeln auf meiner Nase stammte von rieselnder Erde und nicht von Spinnenbeinen. Volle Flaschen klongten aneinander, wurden auf Holz herumgeschoben, und ich fragte mich, ob dies nun die Probe sei, inwieweit ich auch das mutige Gen der Vorfahren in mir trug. Meine Großeltern hatten sich von ihren Familien nach Chicago abgesetzt, so viel hatte mir Mum noch erzählt, bevor sie selbst sich mit Dad nach Europa absetzte. Mit achtzehn braucht ein Mensch keine Eltern mehr, behauptete sie. So etwas nennt man doch Mut, oder?

»Willst du hier einziehen?«

Ich zuckte zusammen, als Matt plötzlich von unerwarteter Seite wieder neben mir auftauchte, die Tür nach außen aufstieß und zur Bank hinaufging.

»Cheers.« Matt hockte dort, als habe er nie woanders gesessen, und reichte mir ein Glas, gefüllt mit

Dreifingerbreit einer braungoldenen Flüssigkeit. Die Flasche, aus der er nun auch sich einschenkte, war einst wohl transparent gewesen. »Das ist die letzte gemeinsame Füllung der O'Learys und der Jacksons.«

Er prostete mir zu und versenkte die Nase in sein Glas. Wohin er den Blick versenkte, konnte ich nicht einmal ahnen. Ich kannte diesen Mann nicht.

»15 Jahre Fass, vier Generationen Hoffnung.«

Die kluge Frau schwieg. Ich nippte. Ich hustete. Was auch immer das war, für mich schmeckte es nur nach Alkohol und vielleicht noch nach dem Erdloch, aus dem wir die Flasche geborgen hatten.

»Riechst du den Karamellduft und hast du die Aprikosen geschmeckt?«

»Bist du sicher, dass wir verwandt sind?«

Matt lachte und klopfte mit der Hand neben sich auf die Bank. »Du bist klug, zäh und hast Humor. Du hast die irischen Augen deiner Großmutter, aber gegen deine Haut ist sogar dieser Whiskey hier bleich, stimmt's?

Ich nickte und setzte mich.

»Der Aprikosengeschmack kommt von den O'Learys, süßsaures Fruchtfleisch um harten Kern, dessen Keim geröstet eine Köstlichkeit ist. Wir sind eben Iren und das ist so.« Matt nahm nun einen ordentlichen Schluck, schloss die Augen und hielt der Sonne sein Gesicht entgegen. Er leckte die Lippen. »Und der Karamellanteil steht für die Jacksons.«

Ich betrachtete diese Flüssigkeit, die mich eigentlich an Hustensaft erinnerte und nun zum Sud wurde, aus dem scheinbar meine Familiengeschichte gelesen werden konnte.

»Der Urgroßvater deines Urgroßvaters war ein Heißsporn in der Abolitionismus-Bewegung.« Er nickte. »Ja, der alte Herr sitzt im Himmel und trinkt mit Helden wie Olaudah Equiano auf das Ende der Sklaverei – und das täglich, pflegte dein zweiter Urgroßvater, mein Freund Lysander, immer zu sagen, sobald wir uns ein Glas genehmigten. Und das passierte oft, glaube mir.«

Ich beschloss, diesem Whiskey eine zweite Chance zu geben, ließ einige Tropfen auf die Zunge rinnen und schluckte und war überrascht von der Wärme, die sich augenblicklich in mir ausbreitete. Bis heute bin ich allerdings der Überzeugung, sie rührte nicht vom Alkohol, sondern vom Spirit meiner Vorfahren, deren Stellenwert für mein Leben mir meine Eltern bei jeder Gelegenheit abgesprochen hatten. Mummy hat dich lieb und Daddy hat dich lieb, sagten sie immer, und der Rest ist Geschichte und lange, lange tot. Warum saß ich dann mit einem Urgroßvater auf einer Bank und nicht mit Mum und Dad? Ich genehmigte mir einen erwachsenen Schluck, schließlich steckte in mir auch eine O'Leary.

»Kluge Frau.« Matt legte mir die Hand auf die Schulter und seine Augen tränten, glaube ich, nicht von der hochstehenden Sonne.

»Und was hat es mit diesem Feld auf sich?«, fragte ich.

Matt seufzte. »Schau«, er deutete in weitem Bogen über das Weideland, die Zäune und die Rinder, »das alles gehörte einst den O'Learys und statt Rindern hielten wir Schafe. Nur dieser Flecken dort ...« Sein Daumen zeigte auf eine kleine Senke, die mit Büschen zugewachsen war. Die Reste einer Steinmauer ragten aus dem Dickicht. »... dort wohnte Lysander mit seiner Familie und bewirtschaftete ein Stückchen Land, das sie versorgte. Unsere Kinder trafen sich und spielten am Bach, während wir Männer darüber verhandelten, was mit dem freien Stück Erde hier werden sollte.«

Er erhob sein Glas, als prostete er dem Gerstenfeld zu.

»Und weil wir uns nicht einigen konnten, nahmen wir die Liebe zwischen meiner Tochter und Lysanders Ältestem als Anlass, uns zu zerstreiten.«

Matt schenkte sich erneut ein und zielte auch nach meinem Glas. Ich gehorchte.

»Die Linie der freien Schwarzen darf nicht aufgeweicht werden, rief Lysander, und ich stand ihm um nichts nach, obwohl wir Iren uns fern der Heimat längst in Mischehen aller Art verloren hatten. Und eines Morgens waren sie fort, die beiden Kinder.«

Eine Schar dieser braunen Vögel zog dicht über unseren Köpfen hinunter zur nächsten Weide. Drüben knatterte ein Moped die Schotterstraße entlang und malte mit dem Staub die einzig sichtbaren Wolken in den Tag. Das alles hat mit mir nichts zu tun, erklärte ich mir, es ist Geschichte und die ist tot.

»Fünf Jahre später hatten wir immer noch nichts von ihnen gehört. Lysanders zweiter Sohn wollte nicht Farmer werden und studierte in New Orleans; mein Sohn, Steve, blieb in Vietnam.« Matts Stimme klang plötzlich, als bräuchte er den Hustensaft, mit dem ich den Whiskey verwechselt hatte.

»Das tut mir leid.«

Er drückte meine Schulter und trank. »Wir waren allein mit unseren Frauen und plötzlich verstand ich, dass der ganze Stolz um die eigene Herkunft uns nicht weiterbringt, wenn sie bei uns selbst endet.« Matt stieß sich von der Bank ab und stand auf. »Also kaufte ich eine Flasche Wild Whiskey und ging hinüber zum alten Lysander. Der erwartete mich bereits in der Tür, und bevor ich irgendetwas sagen konnte, grummelte er, die ganze Sache mit der Freiheit sei eigentlich nichts wert, wenn ein Mann es nicht einmal schaffte, dem eigenen Kind die Freiheit zu lassen zu lieben, wen es lieben will.«

Für einen Moment machte ich mir Sorgen um Matt, als er mit einem Ruck die Faust in den Himmel streckte und ins Wanken geriet.

»Zum Teufel damit, fluchten wir, als wir das erste

Glas auf seiner Schwelle tranken. Zum Teufel damit, als wir uns auf das immer noch freie Stück Land an den Bach hockten und das zweite kippten. Als wir die Flasche halb geleert hatten, sagte ich: Gerste. Und Lysander hob das Glas und wiederholte: Gerste; obwohl ich ihm ansah, dass er nichts verstand. Freunde sollten zusammen Whiskey trinken und besiegeln, was ihnen lieb ist und was sie verbindet, sagte ich. Zum Teufel, da hast du Recht, brummte Lysander, aber dieses Zeug hier kann man nicht saufen. Deswegen bauen wir ja Gerste an, sagte ich, und destillieren unseren eigenen Whiskey – gemeinsam. Das wird uns davor bewahren, dem anderen noch einmal in der Nase zu bohren und abzulehnen, was er liebt! Zum Teufel auch!«

Jetzt wankte Matt tatsächlich, stellte sich aber rechtzeitig und breitbeinig wieder gerade und leerte mit einem Zug das Glas.

»Nie wieder! Verstehst du?«, rief er über das Feld und ich sah Tränen über eine Wange rinnen. Er wischte sie mit dem Handrücken ab und drehte sich zu mir. »Nie, nie wieder.« Er starrte auf mein Glas. »Trink, kluge Frau. Du trinkst das Blut einer Brüderschaft, das Zeugnis allen Starrsinns, den wir uns jedes Jahr in der Brennblase unter diesem Hügel symbolisch aus dem Leib destilliert haben.«

Er stampfte mit dem Fuß auf den Boden. »Das war der jährliche Aderlass, der uns daran erinnern sollte, wie schnell man verlieren kann, was einem lieb ist, wenn man verbohrt ist, zum Teufel!«

Mir lag auf der Zunge, ihn zu fragen, ob es nicht auch verbohrt sei, das Feld nicht zu verkaufen. Tatsächlich war ich aber beeindruckt von dieser alten Wut und ihrer Kraft, die immer noch in meinem Urgroßvater steckte und ihn vielleicht am Leben erhielt.

»Verstehst du?« Er schenkte mir nach.

»Ich glaube schon.«

»Ich habe es meiner Mary versprochen und dem alten Lysander, als ich nach seinem Tod die Scheune drüben abfackelte, in der wir nie wieder gemeinsam Gerste mälzen würden.« Er deutete erneut zu dem Gebüsch mit der Steinmauer, dann auf die Ähren vor uns. »Dieses Feld hier wird immer ein Gerstenfeld sein, verstehst du jetzt? Nie darf hier etwas anderes wachsen.«

Ich rutschte von der Bank und stellte mich neben ihn. »Sie hätten sich gefreut, meine Großeltern, wenn sie das gewusst hätten.«

»Du hast mit ihnen über uns gesprochen? Über den alten Lysander und mich? Ja?«

Matts Stimme klang zittrig und seine Finger krallten sich in den Ärmel meiner Bluse und ich dachte, ich könnte es später einmal auf den Alkohol schieben, den ich nicht gewohnt war, wenn ich jetzt ... und ich sah diese blauen Augen, die in tiefen Falten versteckt lagen und mich dennoch an den Blick eines Kindes zu

Weihnachten erinnerten, und ich log ohne Reue und von ganzem Herzen: »Ja. Es verging kaum ein Tag, an dem sie nicht von euch erzählten. Manchmal mit Wehmut, aber immer mit Stolz.«

Matt tastete nach der Bank und setzte sich und versank in die Betrachtung der Ähren. Ich hockte mich daneben und nahm seine Hand und hielt meine Nase noch einmal in das Whiskeyglas. Aprikose und Karamell, ob ich beides roch, kann ich nicht beschwören, auf jeden Fall hatte ich nun eine Idee von ihrem Duft, und ich trank einen Schluck, der bei so einer Vergangenheit nur erdig schmecken konnte und intensiv, dachte ich. Nein, Mum, Geschichte ist nicht tot, Dad, niemals. Nur der Wille vielleicht sich zu erinnern. Und wie diese braunen Vögel heißen, lerne ich auch noch.

La Nostalgie

Gaby Cadera

Die lebendigen Bilder wollen nicht weichen, als ich Schwiegermamas Wohnung ausräume und alle persönlichen Spuren entferne. Ich nehme Erinnerungsfotos von den Wänden und verstaue sie zusammen mit Dokumenten in einer kleinen Kiste. Es schmerzt mich. Kein »Hallo« mehr, kein »schön, dass du da bist«, kein von Herzen kommendes Lächeln trotz schwerer Krankheit. Altes Mobiliar ist bereits verschenkt worden oder auf dem Sperrmüll gelandet. Geblieben sind das *Journal des Ouvrages de Dames* von 1922, dem Geburtsjahr meiner Schwiegermama, ein Präsent zu ihrem Achtzigsten, sowie die Pfaff-Nähmaschine mit gusseisernem Fuß im Eichentisch versenkt. Und die Flasche Eddu Silver Pur Blé Noir, ein weltweit einzigartiger französischer Buchweizenwhisky, von dem Schwiegermama sich immer ein Schlückchen genehmigte, wenn sie eine große Näharbeit fertig gestellt hatte. So wollte es die Tradition während ihrer Ausbildung zur Schneiderin, und Traditionen waren ihr stets wichtig gewesen.

Ein letztes Mal ziehe ich die Wohnungstür hinter mir zu und wir bringen die verbliebenen Gegenstände in unsere Wohnung. Die Nähmaschine bekommt einen bescheidenen Platz in der Küche.

Ich staube den Tisch ab, das schmiedeeiserne Pedal und das Antriebsrad. Die beiden Schubladen links und rechts ziehe ich auf und der Geruch aus über fünf Jahrzehnten strömt mir entgegen. Mir fällt eine unvollständige und über die Zeit beanspruchte Bedienungsanleitung in die Hände. Ich finde Ersatzteile und passendes Werkzeug in einer Blechdose; ein Einschub ist gefüllt mit Stecknadeln und Nähgarnen. Die Garnspulen für den Unterfaden sind aus Metall, nicht so wie bei meiner elektrischen, bei der fast alles aus Kunststoff besteht. Regelrecht ins Auge sticht die königsblaue Inschrift aus Tinte in der mir vertrauten, markant schnörkeligen Handschrift: *Noël 1951*. Das letzte Weihnachten in Frankreich. Sie hatte die Nähmaschine von ihren Schwestern geschenkt bekommen – als Abschiedsgeschenk – und ab diesem Zeitpunkt war sie ihr wertvollster Besitz.

Ehrfürchtig nehme ich das alte Magazin und die Flasche Eddu, setze mich an den Küchentisch und blättere durch das vergilbte und an den Seitenrändern eingerissene Journal aus Schwiegermamas Heimatland. Ein *Dessus de Piano à queue* sehe ich zum ersten Mal – eine Stickdecke mit Bordüren, mit der die Pariserin der Zwanziger den Konzertflügel schmückte. Sie fand Anregungen, wie Schminkkommoden verziert oder Lampenschirme neu gestaltet werden konnten. Ich tauche ein in eine faszinierende Zeit, stöbere in den Anzeigen und bin erstaunt über Mittel zum Abnehmen, Antifalten-Produkte, darüber, dass die Frauen sich die Haare mit Henna färbten. Es gab Politurpasten für Fingernägel und ein pflanzliches Heilmittel *Jungbrunnen des Abtes Soury*, das beim geringsten Unwohlsein gegen Frauenkrankheiten genommen werden sollte – der Flakon für sechs Francs. Damals schon posierten Models mit Kurzhaarfrisur, Porzellanteint, stark betonten Augen und knallrot geschminkten Lippen; eine Zigarettenspitze zwischen den Fingern, richtet eine Dame ihren Blick in die Kamera. So wie man die Schönheiten aus Stummfilmen auf Zelluloid kennt.

Aus dem Augenwinkel sehe ich die Flasche neben mir stehen. Ich öffne sie und schenke ein wenig in mein Wasserglas. Der Eddu ist von ähnlich edler Farbe wie das Holz des Nähmaschinentisches. Ich nippe, probiere etwas mehr. Er brennt auf meiner Zunge bis in die Kehle hinab, und es schüttelt mich. Ich probiere einen weiteren Schluck, der nun nicht mehr ganz so scharf ist. Wohlige Wärme breitet sich in mir aus. Mit dem Glas in der Hand lehne ich mich zurück und betrachte das alte Schätzchen. Der nächste Schluck schmeichelt meinen Geschmacksknospen.

Entschlossen rücke ich mit dem Stuhl vor das unscheinbare hölzerne Juwel. Mit Hilfe eines Hakens löse ich die Abdeckplatte und hole das Herzstück, die Nähmaschine, aus ihrer Versenkung. Schwarz glänzend erhebt sie sich, fühlt sich kühl an. Den ledernen Antriebsriemen lege ich um das große Rad, drehe langsam das Handrad. Die Nadel hebt und senkt sich. Innerlich jubiliere ich, greife nach dem Glas und trinke den letzten Schluck. Dann fädele ich das Garn durch die Führung bis in das Öhr, hole den Unterfaden hoch und klemme ein Geschirrtuch zwischen Stichplatte und Füßchen. Ich drehe wieder an dem Handrad, drücke auf das Pedal, mein Fuß nimmt die Bewegung auf, die Nähmaschine klickt bei jedem Stich, mechanisch, fein und unaufdringlich.

Am nächsten Tag kaufe ich Stoff für *une élégante chemise de nuit*, ein elegantes Nachthemd anno 1922. Zuschneiden, stecken, wenden, nähen. Im immerwährenden Rhythmus klickt die Maschine, Stich für Stich – bis zum letzten. Zufrieden mit meinem Werk, das große Ähnlichkeit mit der Zeichnung im Journal hat, genehmige ich mir ein Schlückchen Eddu Silver Pur Blé

Noir. Er riecht nach Heidekraut und – ich schmunzle – nach Eiche. Ich lasse den guten Tropfen ein wenig im Mund verweilen, und obwohl der Alkohol dominant ist, drängt sich ein Aroma von Orangenschale und Honig vor. Er schmiegt sich an meinen Gaumen, süß und weich wie die Erinnerung an meine Schwiegermama.

Schweres Wetter

Holger Bodag

Der Junge hörte die Böe kommen. Erst war sie draußen, auf dem Wasser, sammelte sich dort, nahm Anlauf
über den kurzen, steinigen Strand der Landzunge und
stürmte an den Wacholderbüschen vorbei. Heulend zog
sie die Felsen hoch, auf dem kahlen Plateau gewann sie
noch einmal an Schwung und dröhnte dann gegen die
Westseite der Hütte. Regen und Gischt prasselten an
das kleine Fenster.

Der Alte hob seine schmale, knochige Hand aus
dem zerknüllten Laken. Der Junge musste sich über ihn
beugen, um die schwache Stimme zu verstehen:

»Ich sterbe.«

»Nee, Alter«, brüllte der Junge gegen Sturm und
Taubheit an, »du stirbst nicht. Es ist nur schweres Wetter.«

»Ich werde sterben«, beharrte der Alte, »gib mir etwas zu trinken.«

»Die Flasche ist leer«, schrie der Junge. »Seit gestern Abend.«

Er hob die Whiskyflasche und hielt sie am Fenster in das trübe Nachmittagslicht.

Zitternd streckte sich die Hand nach der Flasche aus.

»Nur einen Schluck!«

»Versteh doch: Sie ist leer! Nichts mehr drin! Es geht nicht!«

Eine Weile war nur der Wind zu hören. Dann hob der Alte noch einmal die Hand.

»Andi, bitte. Geh und hol eine Flasche. Ich gebe dir Geld.«

»Ich bin nicht Andi. Und ich kann auch nichts holen. Es ist Sturm.«

Die Hand schwenkte und zeigte auf den Tisch.

»In der Schublade ist Geld.«

»Alter, das geht nicht. Schweres Wetter. Auf dem Weg über die Klippen brauche ich Stunden.«

»Du kannst ja das Boot nehmen.«

Der Junge schüttelte den Kopf und ging zum Tisch. Die Schublade war leer.

»Und zähl das Wechselgeld nach«, rief der Alte schwach. »Die betuppen immer.«

Das Haus erzitterte unter der Wucht der nächsten Böe, ächzend hielten die Holzbalken stand.

»Also gut«, sagte der Junge, »ich versuche es mit dem Boot.«

Der Alte murmelte etwas, aber seine Worte gingen im Heulen des Sturmes unter.

Im Laden blätterte Maria lustlos in einer Zeitschrift. Als der Junge die Tür öffnete, wirbelte der Sturm Regen und Sand hinein und ließ die kleine Glocke über dem Eingang panisch scheppern. Er stemmte die Tür gegen den Wind wieder zu und zog sich die Kapuze ab.

»Hey«, sagte Maria, »was machst du denn hier? Ich dachte, du sitzt da draußen in der Hütte und wartest auf besseres Wetter.«

»Ich muss einkaufen.«

Maria legte die Zeitschrift zur Seite.

»Du meinst, du bist übergesetzt? Jetzt? Du warst auf dem Wasser, bei dem Seegang?«

Ihre blonden Locken nickten zum Fenster, an dem ein Vorhang aus herabrinnenden Wassertropfen den Blick auf den Hafen verschwimmen ließ. Der Junge zuckte die Schultern. Um seine Füße bildete sich langsam eine Pfütze.

»Du bist verrückt«, lachte Maria.

»Ich brauche Whisky. Den Single Malt.«

»Bist du überhaupt schon volljährig?«

»Maria, hör auf.«

Das Mädchen erhob sich und ging nach hinten. Sie kam mit einem Handtuch zurück und warf es dem Jungen zu.

»Trockne dich erst mal ab. Und zieh das nasse Zeug aus. Du kannst einen Tee haben.«

Der Junge streifte die Regenjacke ab und stieg aus der Wathose. Zögernd legte er das nasse Ölzeug über einen Schirmständer und folgte Maria in den kleinen Raum hinter dem Laden. Sie stellte zwei Tassen und eine Teekanne auf den winzigen Tisch.

»Setz dich.«

Sie schenkte beide Tassen voll. Der Junge schloss seine Hände um das warme Porzellan.

»Warum machst du das?«, fragte Maria. »Es ist noch kein Jahr her, dass Andersen draußen geblieben ist.«

»Geht schon.«

»Ist es wegen dem Alten?«

»Er ist schlecht dran. Wenn Sturm ist, wird es immer besonders schlimm. Dann kommt die Angst zurück.«

»Er sollte nicht da draußen sein. Das sagen alle. Da kommt kein Arzt hin, wenn mal was passiert. Und es kann sich niemand um ihn kümmern.«

»Ich kümmere mich um ihn.«

Maria sah den Jungen an.

»Fahr nicht zurück«, sagte sie leise. »Es wird bald dunkel. Warte, bis der Sturm vorüber ist. Du kannst bei mir schlafen.«

Sie legte ihre Hand auf seinen Arm. Der Junge hielt die Luft an. Ein zarter Dampfschleier tanzte über dem Tee.

»Er gehört dort hin«, sagte der Junge schließlich, »in die Hütte da draußen.«

»Dann bring ihm seine Flasche morgen früh. Du darfst auch anschreiben.«

»Wenn Sturm ist, lasse ich ihn nicht gerne allein. Er ruft dann immer nach Andi.«

Maria zog ihre Hand zurück.

»Du musst es wissen.«

Ruckartig stand sie auf und holte aus dem Laden eine Flasche. Sie stellte sie vor dem Jungen auf den Tisch.

»Pass auf dich auf«, sage sie.

Die Wellen brandeten noch immer mit weißer, wütender Gischt gegen die Insel. Der Sturm hatte aber ein wenig nachgelassen. Die Äste der kleinen Kiefern bogen sich unter den Böen, aber sie brachen nicht mehr.

Als der Junge die Hütte betrat und das Licht anmachte, hob der Alte den Kopf.

»Du warst lange fort, Andi«, sagte er.

»Es ist Sturm, Alter.«

»Hast du ihn?«

Der Junge zog die Flasche aus seiner Regenjacke und hielt sie hoch. Der Alte grinste. Mühsam setzte er sich auf. Der Junge öffnete die Flasche, nahm ein Glas aus dem Schrank und füllte es zur Hälfte. Dann setzte er sich auf die Bettkante und half den zittrigen Händen, das Glas an den Mund zu führen. Der Alte schloss die Augen und schluckte. Holte tief Luft und öffnete die Augen wieder. Er nickte.

»Du bist ein feiner Junge«, sagte er, »wie mein Andi.«

»Malt Whisky ist ein Rätsel,
verpackt in ein Mysterium
und verhüllt von Geheimnissen.«

WINSTON CHURCHILL

WHISKY HÜTET
GEHEIMNISSE

Zwischen Himmel und Hölle

Kai Riedemann

Ob ich einen Single Malt Whisky möchte? Meine ehrliche Antwort muss lauten: Nein. Nehmen Sie es bitte nicht persönlich. Vielleicht wäre der Whisky tatsächlich krönender Abschluss eines Abends, der durch Yellow Fin Tuna Tartare mit Wasabi Aioli eingeleitet wurde. Wenn ich diesen Teil der Einladung trotzdem ablehne, dann hat das nichts mit Ihnen zu tun, sondern einzig und allein mit dem Single Malt. Oder um genauer zu sein: mit dem Teufel.

Lachen Sie nicht! Es mag seltsam klingen, wenn eine Frau in dieser Bar vom Teufel spricht, während dezent im Hintergrund *That Old Devil Called Love* gespielt wird. Aber die Geschichte, die dahintersteckt, ist ernst. Kein Teufel der Liebe, nein, der Leibhaftige, der Satanische selbst lässt mich bei meiner Ablehnung bleiben.

Sie wollen diese Geschichte hören? Also gut, dann bestellen Sie sich einen Single Malt, spendieren mir einen Ipanema mit extra viel Ginger Ale, und ich erzähle Ihnen alles. Aber sagen Sie hinterher nicht, ich hätte Sie nicht gewarnt.

Womit fange ich an? Am besten mit einem Zitat:

Whisky ist ein Rätsel, verpackt in ein Mysterium, umgeben von Geheimnissen.

Winston Churchill soll das mal gesagt haben. Und es stimmt. Bekanntlich weiß niemand genau, warum eine so einfache Mixtur aus Gerste, Wasser und Hefe einen derartig eigenwilligen Geschmack entwickelt. Mit Düften von Vanille, Zitrone, Zimt, Torf, einige sprechen gar von Tabak oder Karamell, andere von grünen Bananen. Ach, verzeihen Sie, wenn ich trotz meiner eben erfolgten Ablehnung ins Schwärmen gerate. Das Aromageheimnis kennen nur die Erfinder des Whiskys. Und entgegen aller Legenden waren das nicht Mönche, auch wenn die alles dafür notwendige Wissen nach Irland und Schottland brachten. Nein, eine Frau hat erstmals *uisge beatha*, jenes Wasser des Lebens, in einem Kupferkessel destilliert.

Wo sie lebte, spielt an dieser Stelle keine Rolle. Sagen wir einfach, es könnte die Hebrideninsel Islay gewesen sein, wo noch heute Brennereien wie Bruichladdich oder Lagavulin das göttliche, pardon, teuflische Getränk herstellen.

Sie nahm Wasser, gemälztes Getreide, fügte dann ..., aber ich will Sie nicht mit Rezepturen langweilen. Das Ergebnis war jedenfalls ihr Tod.

Die ganze brodelnde Brennapparatur explodierte und verwüstete ihre ärmliche Behausung. Unter den Trümmern wurde sie mitsamt dem ersten Whisky und zwei leeren Holzfässern begraben. Die Geschichte könnte jetzt zu Ende sein, wäre nicht kurz darauf ein erbitterter Streit um die Seele der jungen Frau entbrannt.

»Sie gehört mir!«, erklärte der Teufel und bekräftigte seine Ansprüche mit Donner, Blitz und einer Schwefelwolke. »Sie war dabei, ein Höllengebräu zu erschaffen.«

»Sie gehört mir!«, widersprach Gott, als er begleitet von drei Engeln herbeischwebte. »Es ging ihr nur um himmlischen Genuss.«

Die beiden Kontrahenten hatten zweifellos Erfahrung in derartigen Auseinandersetzungen, und eine einzelne Frau, noch dazu von unbedeutender schottischer Herkunft, war ein Herauszögern der Entscheidung eigentlich nicht wert.

»Lass uns ihr Werk fortführen«, schlug also der Teufel vor. »Nur so können wir erkennen, ob der Trank mehr Himmel oder Hölle ist.«

Die beiden machten sich, unterstützt von tugendhaften Engeln und satanischen Gestalten, an die Arbeit. Hütte und Brennapparatur waren schnell in brauchbaren Zustand zurückversetzt, und während die eigentliche Erfinderin in ebenfalls wiedererweckter Lebenskraft einer Entscheidung harrte, erhöhte der Teufel den Alkoholgehalt des Getränks schon mal auf 88 Prozent. Viermal Brennen, lautete seine Anweisung, wobei durch die Verwendung von torfigem Wasser eine weitere dunkle Geschmacksnote hinzugefügt wurde.

»88 Prozent?«, empörte sich Gott. »Du willst wohl die Menschen auf direktem Weg in die Unterwelt befördern!« Und so einigten sie sich schließlich in zähen Verhandlungen auf einen zu erreichenden Endwert von 40 Prozent.

»Eine wichtige himmlische Eigenschaft möchte ich noch hinzufügen«, schlug Gott vor und ließ eines der leeren Eichenfässer herbeirollen. »Erst Geduld macht den Whisky zum wahren *uisge beatha*. 50 Jahre lang sollte er reifen.«

»Zwei Wochen«, bot der Teufel an.

»30 Jahre.«

»Drei Monate.«

Bei zwölf Jahren hatte das Feilschen ein Ende. Nachdem auch die Verhandlungen über Zutaten und Gärung erfolgreich abgeschlossen waren, durften die Engel das für die Lagerung bestimmte Getränk ins bereitstehende Eichenfass füllen. Weder Gott noch Teufel bemerkten übrigens, wie sie dabei tricksten. Die himmlischen Heerscharen sorgten dafür, dass ein Teil des Alkohols durch Poren im Holz verdunsten konnte. Wussten Sie, dass Whiskyexperten dafür noch heute den Begriff *angel's share*, also *Anteil der Engel*, verwenden?

Zwölf Jahre später, in denen die Erfinderin des Whiskys immer noch auf eine Entscheidung über ihre Seele wartete, trafen sich Gott und Teufel wieder, um vom fertigen Produkt zu kosten.

»Diabolisch verlockend«, urteilte der Satan nach dem ersten Schluck, der so heiß in seiner Kehle brannte wie das Höllenfeuer.

»Ein Fingerhut voll Stille und Inspiration«, schwärmte Gott.

Da auch die Abstimmung unter den herbeigeeilten Engeln und Hilfsteufeln ein Unentschieden der Stimmen erbrachte, machte sich Ratlosigkeit breit in der kleinen Hütte mit den Kupferkesseln und dem Eichenfass.

»Lassen wir die Erfinderin des *uisge beatha* selbst entscheiden«, schlug der Satan vor. »Sie soll von ihrer eigenen Schöpfung kosten und dann ein Urteil fällen. Himmel oder Hölle!«

»Einverstanden!«, sagte Gott nach kurzem Zögern. »Wie viel Zeit wollen wir ihr dafür geben?«

»Alle Zeit der Welt! Sie darf weiterleben, bis einer von uns ihre Seele holt.«

Auf einen schriftlichen Kontrakt verzichteten die beiden übrigens. Man vertraut sich in diesen Kreisen.

Für jeden Menschen dürfte nachvollziehbar sein,

dass die Frau seitdem kein *uisge beatha* angerührt hat. Das Wasser des Lebens wäre für sie schließlich das Ende des Lebens. Stellen Sie sich dieses geradezu unglaubliche Paradoxon vor: Ausgerechnet die Erfinderin des Whiskys hat noch nie davon gekostet!

So, und jetzt dürfen Sie sich natürlich noch einen Single Malt gönnen und mir zum Abschluss dieses gelungenen Abends ein White Chocolate Mousse mit Mangopüree bestellen. Das ist hier nämlich besonders empfehlenswert. Das leckerste Dessert, das ich in den letzten Jahrhunderten gegessen habe.

Dumme Zufälle

Michael Zeidler

Nacht in Las Vegas. Ein Gemisch von bunten LEDs und Neonlampen tauchte den Boulevard in unruhiges, schillerndes Licht. Februar. Clifford schlug den Kragen hoch, denn der Wind wehte stark vom künstlichen See des Bellagio über die Vergnügungsstraße und ließ die Palmwedel rauschen. Klassische Musik spielte, Wasserfontänen schossen zwanzig Meter in die Höhe. Clifford schaute kaum noch hin. In seinen mehr als siebzig Jahren hatte er Vegas Dutzende Male besucht und das Bellagio daher längst seinen Reiz verloren.

Über dem *New York New York* ratterte die Achterbahn ums Dach. Touristen schrien und rissen die Arme hoch. Clifford spazierte über die Nachbildung der Brooklyn Bridge und gelangte bald darauf zum Luxor, einer gigantischen schwarzen Pyramide, aus deren Spitze ein weißer Lichtstrahl geradewegs ins Weltall schoss – zumindest hatte es den Anschein.

Clifford betrat das Halbdunkel der Spielbank. Fenster gab es keine in dem gigantischen Spielsaal. Uhren auch nicht. Zeit hatte hier kein Gewicht, nur der Betrag auf der elektronischen Karte zählte. An den Automaten starrten Menschen mit maskengleichen Gesichtern auf sich drehende Walzen und drückten immer wieder auf die leuchtenden Knöpfe. Die einarmigen Banditen waren voll automatisiert, keine Hebel mussten betätigt werden, und die meisten Maschinen nahmen nicht einmal mehr Bargeld, sondern buchten direkt von der Kreditkarte ab.

Ein ständiges Klingen und Schellen erfüllte die Luft, dennoch erschien Clifford der Saal seltsam still. Das Getute der Automaten vermischte sich zu einer Geräuschkulisse, die er leicht ausblenden konnte. Sonst hörte er nichts. Niemand lachte, niemand freute sich über einen Gewinn, niemand fluchte oder rastete aus. Steril, dachte Clifford, selbst die sexy Barmädchen, die mit Drinks die Reihen der Spieler abschritten, wirkten steril.

Croupiers sah er wenige. Sie waren von Bildschirmen abgelöst worden, aus denen spärlich bekleidete Damen lächelten. Blackjack. Die Zeiten hatten sich geändert und Clifford war froh, dass seine bald ablief. Er spürte, wie sein Herz in der Brust stotterte. Nur noch eine Kleinigkeit hatte er zu erledigen, dann fühlte er sich bereit für die letzte Fahrt.

Jeffrey erwartete ihn schon vor dem minus5°. Wie

Clifford trug er einen leichten Mantel. Auch an ihm waren die Jahre nicht spurlos vorüber gegangen. Dennoch sah Jeff besser aus als er, fand Clifford und betrachtete bewundernd Jeffs schlohweiße Mähne. Auf seinem eigenen glatten Schädel reflektierten sich vermutlich die Lichter der Spielautomaten. Allerdings trug Jeffrey einen Gehstock, während er noch ohne Hilfe klar kam.

Sie nickten sich zu, schüttelten keine Hände. »Was willst du?«, knurrte Jeffrey.

Zur Antwort deutete Clifford auf den Eingang zum minus5°. Im Empfangsraum stattete eine junge Frau die Gäste mit dicken Mänteln, Pelzmützen und warmen Überzügen für die Schuhe aus. Erst als die Kleidungsstücke angelegt waren, öffnete sie die Tür.

Das minus5° bestand komplett aus Eisblöcken. Ins Eis eingelassene LED-Ketten strahlten kühles blaues Licht aus, dessen Reflexion die ganze Bar noch arktischer erschienen ließ. Über der Theke hingen Eiszapfen, aus denen eingefrorene Lampen das Gefühl eines arktischen Winters noch verstärkten. Cliffords Atem formte Wölkchen, Jeffrey ließ ein »Brrr« vernehmen. Die Bardame war ebenso eingemummelt wie die Gäste, bemerkte Clifford enttäuscht.

Sie setzten sich an einen Tisch ganz hinten, abgeschirmt von den Blicken der anderen Gäste.

»Ganz schön eng auf dem Stuhl mit dem dicken Mantel«, beschwerte sich Jeffrey.

»Willst du an die Theke?«

Jeffrey schüttelte den Kopf. »So falle ich wenigstens nicht um, selbst wenn ich wollte«, scherzte er.

Die Bedienung kam.

»Zwei Jesse James«, bestellte Clifford.

Das Mädchen schaute ihn fragend an. »Sorry, der ist mir neu.«

»Du kennst keinen Jesse James? Ist ganz einfach: Bourbon! Den besten, den Kentucky zu bieten hat.«

»Maker's Mark«, notierte die Bedienung.

Clifford grinste. »Genau. Den auf Eis, ein Spritzer Orangenlikör dazu, mit Ginger Ale auffüllen und weil's so schön ist, noch eine Orangenscheibe aufs Glas. Bei einem Jesse James haben wir beide uns hier vor fast fünfzig Jahren kennengelernt und das gilt es zu feiern.«

»Den nennen wir jetzt Summer Breeze, Maker's Mark Summer Breeze«, antwortete das Mädchen selbstsicher.

»Summer Breeze! Hört sich weichlich an, mir gefällt Jesse James besser.«

Jeffrey hob abwehrend die Hand. »Für mich nur eine Coke on the rocks.«

»Kommt sofort«, sagte das Mädchen.

»Mir hat der Gott in Weiß den Alkohol verboten«, erklärte Jeffrey. »Und Kälte übrigens auch und Aufregung, wenn wir schon mal dabei sind.« Nach einer kurzen Pause fügte er hinzu: »Außerdem habe ich nichts zu feiern und ginge es nach mir, hätte ich damals die Hände vom Jesse gelassen! Was willst du?«

»Ich bin alt geworden, Jeff. Meine Pumpe. Bevor ich mich verabschiede, muss ich es mir endlich von der Seele reden.«

»Ich will es aber nicht hören!«

»Jeff, das ist jetzt über dreißig Jahre her.«

»In meiner Zeitrechnung war es erst gestern.«

»Fünfunddreißig Jahre, ein halbes Leben. Moon ist vor über fünfzehn Jahren entschlafen. Bitte, Jeff, ich muss es loswerden.«

»Warum redest du nicht gegen die Wand oder in einen leeren Sack?«

»Wir waren beste Freunde.«

Jeff hustete. »Meine Zeit auf dieser Welt ist mittlerweile auch sehr begrenzt. Warum sollte ich sie mit dir verschwenden?«

»Moon zuliebe!«

Die Bedienung trat wieder an den Tisch und stellte die Drinks ab. »Eine Summer Breeze, eine Coke on the rocks. Möchten die Herren essen?«

Cliff und Jeff schüttelten die Köpfe.

»Ich hatte nie geplant, mit Moon etwas anzufangen. Es war dummer Zufall.«

Jeff schnaufte.

Clifford fuhr fort: »An jenem Tag wollte ich euch besuchen, da rennt mir dein Spaniel vor die Karre. Ich hatte keine Zeit zu reagieren. Bamm!« Er schlug sich mit der Faust in die Hand. »Armes Vieh.«

Jeffs Augen weiteten sich. »Du hast Hercules überfahren? Das zu allem Überfluss auch noch?«

»Es war ein Unfall. Ich sehe das Tier im Rückspiegel, es liegt zuckend auf der Straße. Kein Parkplatz. Ich rechts abgebogen, die Karre abgestellt und natürlich gleich zurück. Moon beugte sich schon über den armen Hercules und heulte Rotz und Wasser. Was sollte ich tun?« Clifford nahm einen großen Schluck und verkniff sich ein Husten.

»Dich entschuldigen?«

»Sie hat mir so unendlich leidgetan. Also habe ich sie getröstet, und als sie mir so nah war, kribbelte es in meinem Herzen. Ich wusste, es war falsch, aber das Kribbeln ...«

Jeff hob den Arm. »Jetzt brauche ich einen Maker's«, rief er der Bedienung zu. »Rocks, please. Schweinekälte hier drin.«

Clifford runzelte die Stirn. Kälte? Er schwitzte. »Mein Mantel wirkt Wunder.« Er leerte das Glas, bestellte noch einen Jesse James und fuhr fort: »Ich brachte sie hinein, mixte ihr einen Drink. Einen Jesse natürlich. Abends zu Hause versuchte ich, sie zu vergessen, und ich glaubte auch, es geschafft zu haben. Ein paar Wochen später dann die Sache mit dem Ferrari.«

»Mein Ferrari? Den hat Moon zu Schrott gefahren.«

»Ich hatte mir ein paar Gartenwerkzeuge geliehen und wollte sie zurückbringen. Niemand öffnete, also stellte ich sie neben die Tür auf die Veranda. Sollte ich auf sie warten? Vielleicht war sie nur kurz einkaufen gegangen? Ich setzte mich ins Auto, steckte mir eine Zigarette an und lauschte der Pink Floyd CD. Dark Side of the Moon. Nicht viel später sehe ich Moon im Rückspiegel aus der Einfahrt rasen. Wie eine Irre! Bis zur nächsten Kreuzung. Krach! Ich nichts wie hin, der Wagen Totalschaden. Moon nur noch ein heulendes Wrack.«

Auf einer kleinen Bühne leuchteten Scheinwerfer auf. Ein Mann in Frack und Zylinder und auf Schlittschuhen verbeugte sich vor den Gästen und begann, mit Schneebällen zu jonglieren. Clifford und Jeffrey schenkten ihm nur kurz ihre Aufmerksamkeit und wandten sich wieder ihren Gläsern zu.

»Anscheinend war Moon doch zu Hause gewesen. Ich weiß nicht wie, aber als sie die Tür öffnete, hat sie die Werkzeuge umgestoßen. Die Schaufel fiel von der Veranda gegen deinen Ferrari und zerkratzte den Lack. Moon wusste natürlich, wie abgöttisch du den Wagen liebtest und wollte ihn richten lassen. Die Zeit war knapp, also fuhr sie schneller als angemessen.« Clifford schürzte die Lippen, als er die folgende Szene Revue passieren ließ: »Ich brachte sie heim und diesmal tranken wir mehr und saßen enger beisammen. Gelaufen ist jedoch noch immer nichts. Doch dann geschah ein paar Wochen später das mit dem Klimt.«

»Dem Klimt?« Jeffs Stimme klang leise und hasserfüllt. Er trank aus, kippte den nächsten Bourbon auch sofort hinunter und bestellte mit zittrigen Fingern gleich noch einen Maker's Mark. Clifford tat es ihm gleich. Der Drink hinterließ eine flammende Spur in seinem Rachen. Er wandte den Kopf zur Seite, bis er die Tränen aus den Augen weggeblinzelt hatte, und warf einen Blick auf den Jongleur. Schnee und brennende Kegel wirbelten um ihn herum und auf der Stirn balancierte er einen Besen.

»Wir hatten schon alle Bilder abgehängt. Sie sollten am nächsten Morgen verpackt werden. Wegen der Renovierung, du erinnerst dich? Du warst das Wochenende geschäftlich in New York.«

Jeff antwortete nicht, sondern starrte Clifford mit versteinerter Miene an. Die Fingerknöchel traten weiß hervor, so heftig umfasste er das Glas.

»Wir wollten den Abend mit einem Cocktail ausklingen lassen. Ich zum Kühlschrank. Die Karaffe war bis zum Rand mit Eiswürfeln gefüllt. Zu voll, wie sich herausstellte. Ich verlor ein paar im Wohnzimmer, Moon rutschte aus und ihr Arm ging direkt durch den Klimt. Sicher, das sah erst einmal schlimm aus, aber ein guter Restaurateur hätte das wieder hinbekommen. Moon bekam einen Schreikrampf, ich war da, um zu trösten.«

Jeffs Gesicht zeigte keine Regung. Clifford hätte auch einer Statue beichten können. Sein Magen glühte. Soviel Bourbon hatte er lange nicht mehr getrunken. Lebendig fühlte er sich, frisch, wie damals mit Moon. Er senkte den Blick auf die eisige Tischplatte und flüsterte: »Diese Nacht haben wir dich das erste Mal betrogen.«

Keine Reaktion.

Clifford fuhr fort: »Danach fühlten wir uns beide zum Kotzen, aber passiert ist nun einmal passiert. Ich ahnte, dass sie mehr wollte, und nach dieser Nacht war ich ihr verfallen.« Er bestellte zwei weitere Bourbon, obwohl Jeff den letzten Drink noch nicht einmal angerührt hatte. Verlegen versuchte Clifford, dem Gorgonenblick seines Gegenübers auszuweichen.

»Der Brand eurer Villa hat unsere Beziehung besiegelt. Sie wusste nicht, dass ich es war, der nicht aufgepasst hatte. Ein blöder Unfall, mal wieder. Sie gab sich die Schuld und hätte sich beinahe zurück ins brennende Haus gestürzt, nur um sich zu bestrafen. Du warst wie immer unterwegs und ich hatte mittlerweile Übung im Trösten.« Cliff trank aus. »Ich weiß, das sind schmerzhafte Erinnerungen, aber seitdem ist so viel geschehen. Willst du nicht austrinken? Ich bestelle mir noch einen.«

Jeffrey starrte wortlos auf Cliffords Brust und Clifford dankte Gott, dass sein Freund nicht bewaffnet war.

»Jedenfalls ist es nicht nur meine Schuld! Nur eine Verkettung unglücklicher Umstände! Dumme Zufälle!

Und ich war schließlich immer da, wenn Not am Mann war, um Moon zu trösten. Moon hat eine starke Schulter gebraucht, an die sie sich in Momenten der Schwäche lehnen konnte, und ich habe ihr diese geboten. Hättest du nur ein bisschen weniger gearbeitet und dich ein bisschen mehr um Moon gekümmert, wäre es nie so weit gekommen.«

Jeff sagte keinen Ton. Seine Lippen erschienen Clifford bläulich, aber das lag wohl am Licht.

»Willst du dich nicht rechtfertigen?«, fragte Cliff. Er spürte das Blut in seinen Halsadern pulsieren. »Strafst mich mit Nichtachtung? Mensch, du warst schon immer ein eingebildeter Fatzke! Da schütte ich vor dir mein Herz aus und du ...« Er stieß Jeff energisch am Arm, das Glas flog aus der Hand und der Bourbon bildete eine goldene Pfütze auf dem Eisboden. Jeff rührte sich nicht, nur sein Kopf fiel auf die Seite und rollte etwas nach vorne.

»Meine Güte«, flüsterte Cliff. Er suchte nach Jeffs Puls, jedoch ohne Erfolg. Cliff erhob sich. »Maker's Mark an unserem ersten Treffen, Maker's Mark an unserem letzten.«

Der Jongleur verbeugte sich vor der applaudierenden Menge. Clifford legte ihm fünf Dollar Trinkgeld in den Hut und rief der Bedienung zu: »Die Rechnung bitte. Geht an meinen Freund.« Damit verließ er das minus5° und verschwand in der Nacht.

Wie man Gespenster zähmt

Inken Weiand

Das Haus ist ein Schnäppchen gewesen, denkt Connor. Für diesen Preis erhält man anderswo keine Hundehütte – und hier ein ganzes Anwesen!

An seinem ersten Abend macht er es sich in der geräumigen Halle gemütlich. Vor ihm knistert ein offenes Feuer und strahlt Behaglichkeit aus. Er sitzt in seinem Lieblingssessel, für den er sofort den richtigen Platz am Kamin gefunden hat. Neben ihm steht ein Umzugskarton als behelfsmäßiger Tisch. Ei mit Schinken, Toastbrot und eine gute Tasse Tee, das wird er zu sich nehmen, während er sich am Feuer wärmt.

Connor schaut den Flammen zu, wie sie rötlichgelbe Figuren bilden, die sich schnell wieder auflösen. Er nimmt einen Schluck Tee. Dann blättert er durch den Kaufvertrag. Das Übliche – bis auf einen merkwürdigen Passus, der jegliche Haftung für Schäden durch übernatürliche Ereignisse ausschließt.

Er gähnt. Wahrscheinlich ist das hier Standard, überlegt er. In den Highlands glauben sie eben noch an Gespenster und ähnliche Erscheinungen.

Der Tee wärmt und entspannt, der Blick ins Feuer ebenfalls. Connor lehnt sich im Sessel zurück und schläft ein.

Ein Luftzug, der an seinem Gesicht vorbeiweht, weckt ihn, und ein furchterregendes Heulen lässt ihn hochfahren.

Auf der Umzugskiste sitzt jemand! Eine Gestalt im Kilt, mit tief liegenden, glühenden Augen im hageren Gesicht. Klagend erhebt sie die Hand gegen Connor, der sich vor Schreck nicht zu rühren wagt. Plötzlich löst sich die Gestalt auf und verschwindet. Nur ein leichter Rauchgeruch hängt noch eine Weile in der Luft, aber der kann auch vom Feuer kommen.

Connor sieht auf die Uhr: kurz nach Mitternacht. Die Teetasse liegt auf dem Teppich – vermutlich hat er sie im Schlaf umgestoßen.

Ihm ist der Appetit vergangen; er räumt die kalten Essensreste in die Küche.

Schlafen kann er auch nicht mehr, also packt er Kisten aus. Erst spät findet er den Weg ins Bett.

Dennoch ist er früh wieder auf den Beinen, stellt Regale auf, räumt Schränke ein und hängt Bilder an die Wände. Am Abend hat er alles fertig eingerichtet. Rechtschaffen müde, legt er sich schon um zehn Uhr nieder.

Doch seine Nachtruhe währt auch heute nicht lange. Connor wird von durchdringendem Geheul, Gläserscheppern und dem Bersten von Holz geweckt. Schauer jagen ihm den Rücken hinunter. Er springt aus dem Bett, läuft in die Halle, dann in die Küche, denn von dort kommen die Geräusche.

Der Boden ist übersät mit Glasscherben, einer seiner Hocker liegt zertrümmert dazwischen und soeben löst sich die hagere Gestalt der vorigen Nacht in Rauchschwaden auf.

Connor ist ein klar denkender, aufgeklärter Mensch, der nicht an Gespenster glaubt, und er wäre empört, wenn jemand ihm so etwas unterstellen würde. Doch die nächsten Tage und Nächte sind zermürbend für ihn. In jeder Nacht wird er geweckt durch markerschütterndes Gejammer und das Geräusch zersplitternden Geschirrs oder Mobiliars, jeden Morgen wacht er zerschlagen und übermüdet auf und von Tag zu Tag beginnt er mehr, an Gespenster zu glauben.

Endlich ist Connor so weit, dass er das Haus aufgeben und zu einem günstigen Preis verkaufen will. Als Schnäppchen sozusagen! Und im Vertrag wird auf jeden Fall diese Klausel stehen, dass er nicht für übernatürliche Ereignisse haftet.

Nachdem er seinen Entschluss gefasst hat, geht es ihm besser.

Er macht einen langen Spaziergang, läuft durch

Moor und Weiden, blickt schließlich vom nahe gelegenen Hügel auf sein Haus hinunter.

Da liegt es so malerisch in dem großen Garten ... Es ist ein Jammer!

Und – eigentlich gibt es doch keine übernatürlichen Erscheinungen, oder? Muss es nicht ein seltsames physikalisches Phänomen sein, was ihn narrt, oder vielleicht ein Dummejungenstreich?

Connor beschließt, dem Haus noch eine letzte Chance zu geben. Er wird diesmal nicht vor Mitternacht schlafen gehen, sondern wach bleiben und die Ursache des Spuks ergründen.

Abends entzündet er das Feuer im Kamin, stellt sich etwas zu Knabbern bereit, eine Kanne Tee dazu und zur seelischen Kräftigung eine Flasche Whisky. Dann nimmt er sich ein spannendes Buch, liest eine Weile darin, nippt an seinem Tee, isst etwas, trinkt einen Schluck Whisky, liest wieder eine Weile.

Unversehens vergeht die Zeit, und schließlich hört Connor in der Ferne die Turmuhr Mitternacht schlagen.

Er gießt sich einen weiteren Whisky ein. Jetzt kann er Stärkung gebrauchen, das ist sicher.

Tatsächlich taucht genau in diesem Moment die geheimnisvolle Gestalt auf. Das Gespenst im Schottenrock, mit dem hageren Gesicht, den grauen, langen Haaren und den glühenden Augen. Diesmal heult es nicht – noch nicht zumindest –, sondern schwebt auf den schreckerstarrten Connor zu, die Hand ausgestreckt, immer näher, bis es ihn fast zu berühren scheint.

In seiner Verwirrung drückt Connor ihm das Whiskyglas in die Hand.

Das Gespenst, oder was es nun auch ist, verharrt mitten in der Bewegung. Es steht da, führt langsam das Whiskyglas an die Nase, an den Mund, schlürft genüsslich, prostet Connor mit dem geleerten Glas zu, stellt es sorgfältig ab und löst sich dann in Rauch auf.

So erschreckend sieht es eigentlich gar nicht aus, denkt Connor.

Am nächsten Abend stellt er direkt zwei Whiskygläser bereit. Und an den folgenden Abenden auch. Das Haus aber, sein Schnäppchen-Haus, das behält er.

Goldenes Versprechen

Fenna Williams

Isolde sitzt wie ein Häufchen Elend auf dem Stuhl. Jemand drückt ihr ein großes Glas Whisky in die Hand und legt dann tröstend den Arm um ihre Schulter.

Das ist zu viel.

Sie schluchzt auf und lässt zwei dicke Tränen in ihr Glas fallen. In der bernsteinfarbenen Flüssigkeit breiten sich winzige milchige Wolken aus und verwandeln die brillante Klarheit des Whiskys in eine bewölkte Brühe.

Das hätte Heinz nicht gefallen. Verdünnter Whisky! Das war etwas für Memmen und Banausen. Und Heinz war Connaisseur.

»Ein Kenner«, pflegte er zu sagen, »trinkt Malzwhisky pur.« Ein Getränk, das abbildete, wie er sich selber sah: schillernd und männlich.

Wenn Heinz auf Bewunderer seines Whiskywissens traf und in Schwung geriet, gab er die anzügliche Variante seines Credos zum Besten. Isolde seufzt, als sie an den mokanten Tonfall ihres Gatten denkt: »Es gibt nur zwei Dinge, die ein Mann nackt am liebsten mag – eines davon ist Whisky ...«

Sie schüttelt den Kopf, als sie sich erinnert, wie Heinz es sogar schaffte, den schalen Spruch in die Festtagsrede für ihren fünfzigsten Geburtstag einzubinden. Als Folge bildete sich in ihrem Hirnkasten eine imaginäre Sprechblase, in der Handgranaten, Molotowcocktails, Teer und Federn eine entscheidende Rolle spielten. Aber sie blieb ruhig und lächelte. Wie immer. Wie jetzt.

Isolde zuckt zusammen. »Meine Güte, was habe ich denn für Gedanken? Heute, an Heinz' Todestag!«

Sie beginnt ausdauernd zu weinen.

Irgendwo im hinteren Teil des Raumes versucht jemand im Flüsterton die hässliche Situation zu schildern, in der Isolde sich gerade befindet. Vermutlich spricht die nette Rothaarige, die mit viel Engagement und in sympathischem Deutsch die Besuchergruppe durch die kleine Hochlandbrennerei führte.

Die Rothaarige ist jung und hübsch und sehr kompetent. Heinz registrierte nur Punkt eins und zwei und unterbrach erst den Vortrag und dann die Besichtigung der Destillerie mit blasierten Kommentaren. Er glänzte ungefragt mit Wissen und ließ den Rundgang aussehen, als würde die Rothaarige bei ihm die Prüfung für staatlich examinierte Brennereiführerinnen ablegen.

Die junge Dame ertrug die Störungen mit der gleichen freundlichen Ruhe, mit der sie jetzt den Arzt auffordert, Isolde ein Beruhigungsmittel zu verabreichen, das zwar ihren Tränenstrom stoppt, aber die Möglichkeit für ein Verhör durch die Polizei zulässt.

»Eine wirklich umsichtige Person«, denkt Isolde. »Ein Glücksfall für die Brennerei. Wie anschaulich sie den Herstellungsprozess schildern konnte.«

Unzählige Male hat Isolde die entsprechenden Erläuterungen bereits aus dem Munde ihres Mannes gehört, aber niemals erschienen sie ihr so charmant oder so einleuchtend.

Außerdem lernte sie etwas, das Heinz in seinen Predigten unerwähnt ließ: Die Abfälle des Mälzens und der ersten Destillierung werden nicht einfach weggeworfen, sondern den wirklich glücklichen Kühen des schottischen Hochlandes als Viehfutter serviert. Isolde vergaß einen verrückten Augenblick lang die lehrerhafte Strenge, die Heinz über sein Whisky-Wissen breitete, und stellte sich fröhlich schwankende Kühe auf grünen Hügeln vor. Sie kicherte und rief gut gelaunt: »Milch mit Schuss. Cha-cha-cha!«

Die Gruppe lachte und die Rothaarige deutete ein paar flotte Tanzschritte an.

»Und wie heißt die viel versprechende Gerstensorte, die zu solchen Wiesenexzessen führen kann?«, fragte Isolde die Führerin.

»Golden Promise!«

Isolde klatschte entzückt in die Hände. »Goldenes Versprechen. Ein Name wie aus einem schottischen Märchen. Und die Gerste, das Wasser, die Hefe, die Fässer: Alle arbeiten zusammen, um dieses märchenhafte Versprechen einzulösen.«

Die Rothaarige sah sie lange an und sagte dann: »Eine schöne Definition für unser Wasser des Lebens. Sie verstehen etwas von Whisky.«

Erst in diesem Moment stellte Isolde mit Erstaunen fest, dass Whisky sie tatsächlich interessierte. Losgelöst von Heinz' wissenschaftlicher Genauigkeit, seinem Drang nach Analyse und seiner Rechthaberei, hatte sie sich, ohne es selbst zu merken, dem hochprozentigen Geschmack dieses herrlichen Landes verschrieben. Isolde liebte Whisky, weil jede Region Schottlands, jede Brennerei und selbst jede einzelne Abfüllung einer Destillerie Vielfalt und Überraschung versprach.

Die Rothaarige erklärte das sehr gut: »Der Whisky kann Ihnen erzählen, ob sein Wasser durch Torf oder Heidekraut geflossen ist, welche Art Fass er bewohnt hat und ob stürmische Winde das Lagerhaus umtosten. Selbst zwischen Sommer- und Winterbrand einer Brennerei können Experten geschmackliche Unterschiede erkennen.«

Isolde sog die Worte auf wie ein Schwamm und genoss die gelöste Stimmung der Gruppe. Sie fühlte sich

in Urlaubslaune – bis die wütenden Blitze aus Heinz'
Augen sie trafen.

»Kühe«, zischte er. »Betrunkene Kühe! Das passt zu
dir. Musst du mich immer blamieren?«

Sie erinnert sich genau, dass ihr sehr kalt wurde
und ihr Gesicht wieder zu einer Maske gefror, die keine Gefühlsregung nach außen dringen ließ. In diesem
Moment addierte ihre innere Sprechblase zu den guten
Wünschen für ihren Mann Sturmböen, Wolkenbrüche
und Blitze.

Der Rundgang führte von der Mühle zum Mälzboden
und vom Maischefass zum Gärbottich. Heinz war normalerweise durch nichts zu beeindrucken; als er aber
den riesigen alten Bottich sah, wurden seine Augen gierig. Isolde konnte vor sich sehen, wie er nach diesem
Urlaub seinen Claqueuren die Fotos präsentierte:

»Und dies, meine Lieben, ist der älteste *washback*
der Welt. Seit der Gründung der Brennerei 1849 unun-
terbrochen in Betrieb. Fassungsvermögen unglaubliche
20.000 Liter.«

Hier würde er sich verbeugen, als wäre die Größe
des Bottichs sein eigener Verdienst, und fortfahren:

»Ein gutes Stück Arbeit, an Bilder mit geöffnetem
Deckel zu kommen. Ihr wisst schon: Fotografieren nur
ohne Blitz wegen Brandgefahr und so weiter. Die Einheimischen stellen sich wirklich an.«

Dann würde er sich an die Brust schlagen und schwadronieren: »Aber das ist kein Hinderungsgrund für euren Heinz. Wozu habe ich Isolde? Meine Frau, an geeigneter Stelle platziert, verdeckt alles – und das Ergebnis seht ihr jetzt: ein *washback in full swing*, wie der Schotte sagt.«

Isolde beobachtete, wie Heinz seine Kamera zückte und Fotos aus allen erdenklichen Blickwinkeln schoss. Dabei konnte er sich nur mit Mühe zurückhalten, andere Gruppenmitglieder anzufahren, wenn sie in ähnlichem Eifer seine Wege kreuzten.

»Diese Idioten. Ständig rennen sie einem ins Bild. Zu Hause werden sie doch ohnehin nicht mehr wissen, welcher Bottich welche Flüssigkeit enthielt.« Dann raunte er Isolde zu: »Gib dir mal ein bisschen Mühe und lenke die Rothaarige ab. Sie darf nicht merken, dass ich fehle. Sobald ich das Schmuckstück hier für mich allein habe, öffne ich den Deckel, hole den großen Blitz heraus und peng!«

Isolde zeigte wortlos auf die gelben Piktogramme an der Wand, auf denen deutlich durchgestrichene Blitzlichter und Feuer prangten.

Heinz schnaubte verächtlich. »Wie viele Destillerien hast du nun schon mit mir besucht?«

»50 oder 60.«

»Und ist es da jemals zu Funkenflug, einer Explosion oder ähnlichen Unglücken gekommen?«

Wortlos schüttelte sie den Kopf.

»Die müssen das hinhängen. Es gibt einfach zu viele Trottel unter den Besuchern.«

»Aha«, wagte Isolde einzuwerfen.

»Ich habe die Sache im Griff.« Er machte eine großartige Handbewegung, die nicht nur die Brennerei, sondern das gesamte Hochland Schottlands mühelos mit einschloss. »Dies hier ist sozusagen meine Westentasche. Hier kenne ich mich aus. Ich gehöre hierher wie … dieser Gärbottich.«

Sie wandte sich nickend von ihm ab und folgte der Gruppe in den nächsten Raum. Dort beantwortete die Rothaarige gerade Fragen nach der Anzahl der Mitarbeiter und der Möglichkeit in der Brennerei längere Zeit zu hospitieren.

»Das muss schön sein«, dachte Isolde. »Nicht nur zwei, drei Stunden hier zu sein, sondern den ganzen Entstehungsprozess begleiten zu können. Mit dem Brennmeister reden, in die Geheimnisse des Küfers eingeweiht werden und in aller Ruhe einen leckeren Tropfen verkosten.«

Heinz war ungeheuer stolz auf seine gute Nase und seinen ausgeprägten Geschmackssinn – aber seine Verkostungsnotizen unterschieden sich von ihren eigenen Assoziationen wie ein junges Destillat von vierzigjährigem Whisky. Isolde hatte schon lange aufgehört, vor Heinz ihre persönlichen Geschmackseindrücke zu äußern.

In diesem Moment bemerkte sie, dass ihr Mann noch immer nicht zur Gruppe aufgeschlossen hatte, und kehrte unauffällig in den letzten Raum zurück. Heinz hatte sich eine Trittleiter geholt und sie an den Gärbottich gelehnt. Jetzt beugte er sich gerade mit dem Oberkörper über die Öffnung des Kessels. Er hielt seine teure Filmkamera tief in das gärende Dunkel, in dem die Hefe mit dicken Blasen und schwelenden Dämpfen ihre ganze Meisterschaft für den zukünftigen Whisky entfaltete.

»Washbacks«, hatte die Rothaarige erklärt, »können während der Fermentation durch die Wucht der Masse durchaus einmal selbst in Bewegung geraten.«

Isolde hatte genau zugehört, als die Führerin von gefährlichen Dünsten und Gesundheitsrisiken des schäumenden Breis sprach. Sie erwog kurz, Heinz daran zu erinnern, aber der nahm ihr Kommen überhaupt nicht wahr. Er stand auf Zehenspitzen auf der Leiter, senkte den Oberkörper immer tiefer in das Innere des riesigen Gefäßes und versuchte, das Spiel der Blasen und Dämpfe für die Ewigkeit festzuhalten.

Isolde trat ganz leicht gegen die Leiter. Dann lauschte sie interessiert dem erstickten Japser ihres Mannes und dem darauf folgenden Schmatzen der moorartigen, zähen Masse. Sie zählte langsam bis 30 und stieß dann den Schrei aus, zu dem Heinz selber nicht mehr fähig gewesen war.

Isolde schrie und schrie.

Bis all die anderen kamen, verging eine volle Minute; bis sie das Geschehen erfassten und helfen konnten, war es zu spät.

Seitdem sitzt Isolde auf diesem Stuhl und weint die ersten Freudentränen seit ihrer Heirat.

Sie trinkt den Whisky in einem Zug aus. Die Rothaarige gießt großzügig nach und flüstert: »Whisky ist besser als Valium.«

Isolde sieht die Rothaarige dankbar an und nickt. Dann wischt sie sich die Tränen ab und hebt das Glas ans Licht. Der Whisky schimmert golden und riecht nach Frieden und Freiheit. Ein goldenes Versprechen.

»Jemand, der Whisky liebt,
kann kein schlechter Mensch sein.«

W. C. FIELDS

WHISKY SCHAFFT BEGEGNUNGEN

Champions League

Sven Christian Lennard

Es war am 25. Mai 2005, aber ich erinnere mich daran, als wäre es gestern gewesen. Ich unternahm damals eine Geschäftsreise nach Schottland. Zu meinem eigenen Vergnügen hätte ich niemals solch ein kaltes, verregnetes Land besucht, in dem Männer in Röcken zu schauriger Dudelsackmusik besoffen und grölend mit Baumstämmen werfen.

Irgendwann am späten Nachmittag erreichte ich meinen Zielort: Dores, ein kleines Kaff am Loch Ness. Das Wetter war gar nicht so schlecht und meine Pension lag sehr idyllisch am Ufer des Sees; aber das interessierte mich damals nicht wirklich. Meine einzige Sorge galt der Präsentation, die ich am Tag darauf zu halten hatte. Ich befürchtete, nicht genug Schlaf zu bekommen, denn im Erdgeschoss des *Dores Inn* befand sich ein Pub, und die Vorstellung, dass johlende Raufbolde vor meinem Fenster die Nacht zum Tage machen würden, schien wenig verheißungsvoll. Ein letztes Mal noch arbeitete ich die Unterlagen durch und telefonierte mit meinem Chef, um die aktuellsten Zahlen einzubinden. Gute Vorbereitung zahlt sich immer aus! Dummerweise hatte ich mir kein Buch zum Zeitvertreib eingepackt; daher trat ich nach getaner Arbeit ans Fenster und starrte auf den See.

Hier also sollte Nessie hausen – so ein Schwachsinn!

Spöttisch schmunzelnd zückte ich mein Handy, um meine Frau anzurufen. Es machte Spaß, genüsslich mit ihr über schottische Eigenheiten und meine Abenteuer im Land des Linksverkehrs abzulästern.

Danach schlug wieder die Langeweile zu. Ich hatte mir zwar vorgenommen, früh zu Bett zu gehen, aber so früh nun auch wieder nicht. Gegen alle guten Vorsätze entschloss ich mich, ins Pub zu gehen und gemütlich einen Cocktail zu schlürfen. Das Bier hier schien ja nicht trinkbar zu sein, zumindest hatten mir das die Kollegen zuhause erzählt.

Ich trat also in die Schankstube, die gut besucht war, doch keine meiner Erwartungen bestätigte sich. Niemand lärmte, niemand grölte irgendwelche Trinklieder, und es gab auch keine Spontansession lokaler Folkbarden. Stattdessen guckten alle mit depressivem Gesichtsausdruck entweder stumm in ihr Bierglas oder auf den Fernseher, in dem gerade eine lächelnde Blondine dazu aufforderte, *Clusters*-Cerealien zu kaufen.

Die Bar dagegen war leer. Ich setzte mich auf einen der Hocker und wartete, bis der Barkeeper aufhören würde, Löcher in die Holzblende an der Decke zu starren. Er hörte nicht damit auf, also lehnte ich mich zur Seite, um zu schauen, was es Besonderes zu sehen gab.

Da stand doch tatsächlich noch ein Fernseher, ein Minimodell! Das hatte ich gerne! Dieser Faulpelz sollte lieber die Gäste bedienen. Als ob die Schönheit, die soeben die Vorzüge eines Cidre pries, wichtiger war als der Durst zahlender Kunden.

»Verzeihung?!«, rief ich mit einer guten Prise Vorwurf in der Stimme.

»Entschuldigen Sie bitte, ich war wohl in Gedanken. Was darf ich Ihnen bringen? Ein Lager oder vielleicht einen Scotch?«

Ich zog meine Stirn kraus. Alles, nur kein Bier! Aber sollte ich wirklich einen Whisky trinken? Bisher waren meine Erfahrungen mit dieser Spirituose eher negativ. Hatten die hier denn keine Cocktails?

»Welche Whiskys kennen Sie denn schon?«, fragte der Barkeeper, bevor ich antworten konnte.

»Na ja, das übliche eben: Johnnie Walker, Ballantines ...«

»Keinen Single Malt?«

Moment, irgendein Geschäftsfreund hatte mir vor Jahren eine große, schwarze Packung geschenkt. Wie hieß das Zeug gleich noch? Irgendetwas mit einem Vogel.

»Sittich oder so...?«

»Oh, Sie meinen Glenfiddich!«

»Ja, ich denke, der war's. Eigentlich fand ich ihn gar nicht mal so übel.«

»Der ist im Ausland sehr bekannt. Wenn Sie Speyside-Whiskys mögen, empfehle ich Ihnen einen Macallen ...« Leise vor sich hin murmelnd durchsuchte er eine Batterie Flaschen. »Oder ... nein, ich gebe Ihnen den hier! Der wird Ihnen schmecken, auch wenn es kein Speyside ist.«

Triumphierend hielt er mir eine Flasche hin, auf der *Iona* stand. Ich war ganz und gar nicht überzeugt. Unschlüssig pustete ich Luft durch meine geschlossenen Lippen. Ob er wohl beleidigt wäre, wenn ich mich für einen Cuba Libre entscheiden würde?

»Äh ...«, setzte ich an, doch der Barkeeper starrte auf seinen Minifernseher. Nicht das schon wieder! Konnte man hier nicht mal bestellen?

»Ich mache Ihnen einen Vorschlag«, meinte er gnädig, die Augen immer noch auf den Bildschirm gerichtet. »Die zweite Halbzeit fängt gleich an und ...«

»Ach, Fußball? Wer spielt denn?«

»Mailand gegen Liverpool. Der FC liegt 0:3 zurück.«

»Liverpool ... Wir sind ja hier in Schottland, oder? Ich dachte, die Schotten halten niemals zu den Engländern!?«

»Schon, aber das ist ja kein Länderspiel. Wenn es

um das Champions-League-Finale geht, ist das etwas anderes. Außerdem ist Liverpool ein Sonderfall. Ihre allererste Mannschaft bestand fast nur aus Schotten. Wir haben den Verein 1892 quasi mitgegründet.«

»Das wusste ich nicht. Jetzt wird mir einiges klarer.«

»Wie gesagt, ich hätte einen Vorschlag: Sie nehmen den Whisky und für jedes Tor, das Liverpool in der zweiten Halbzeit schießt, bekommen Sie einen aufs Haus. Wenn Sie Glück haben, wird das ein richtiges Tasting und Sie zahlen keinen Penny. Na, wie wär's?«

Natürlich schlug ich ein, und ehe ich mich versah, stand ein gut gefülltes, langstieliges Glas vor mir. Skeptisch griff ich danach und lugte in die helle, gelbliche Flüssigkeit. Um dem neugierigen Blick des Barkeepers auszuweichen, wedelte ich mir mit der freien Hand etwas Aroma zu und schnupperte.

»Sie können ruhig Ihre Nase hineinstecken, denn genau deshalb heißt es Nosingglas.«

»Aha?!«, brachte ich etwas verwirrt hervor. Whisky schien eine Wissenschaft für sich zu sein. Es widerstrebte mir ziemlich, meine Nase ins Glas zu hängen. Waren das Manieren? Der erwartungsfrohe Blick meines Gegenübers ließ mich dann alle Hemmungen vergessen. Ich steckte also meine Nase hinein und nahm einen tiefen Atemzug.

Wow, das roch wirklich gut! Irgendwie moosigfruchtig, aber da war auch der unvermeidbare Duft von Torf und Rauch. Bewusst hatte ich bis zu diesem Moment noch nie an einem Whisky gerochen, allenfalls mal einen *on the rocks* im obligatorischen Tumbler getrunken, mit Kollegen an der Bar.

»Was ... was ist das für einer?«, stammelte ich, immer noch überwältigt von der Flut und Intensität der Aromen.

»Iona ist einer von drei Scotchs, die in der Destillerie von Tobermory auf der Insel Mull hergestellt werden. Diesen Single Malt gibt es nur auf Mull zu kaufen – und natürlich auf der Nachbarinsel Iona selbst.«

»Iona? Das sagt mir irgendwas ...«

»Von dort aus hat der heilige Columban Schottland christianisiert. Es gibt eine Abtei dort, und als in den 20er und 30er Jahren der Okkultismus Hochkonjunktur hatte, besuchten viele Menschen die Insel, um sich spirituell inspirieren zu lassen. Eine von ihnen hieß Netta Fornario.«

»Klingt irgendwie italienisch ...«

»Sie war Halbitalienerin und eines Sonntags wollte sie in panischer Angst Iona verlassen. Sie konnte jedoch keinen klaren Grund dafür nennen. Leider gab es sonntags keinen Fährbetrieb und so blieb ihr nichts anderes übrig, als sich noch eine Nacht zu gedulden. Abends saß sie dann in der Gaststube und trank Whisky, vielleicht sogar den gleichen wie Sie. Plötzlich entschied sie sich zu bleiben. Das war das letzte Mal, dass man sie lebend gesehen hat.«

»Ha! Das soll mir jetzt wohl Angst einjagen? Von Whisky stirbt man nicht!« Ich fragte mich, was der gute Mann bezweckte. Sollte ich jetzt diesen ach so tollen Whisky genießen, oder wollte er ihn mir mies machen? Vielleicht, so dachte ich, hätte ich mir doch besser einen Cuba Libre bestellt. Dann hätte der Barkeeper zwar geschmollt, sich aber auf das Fußballspiel konzentriert, statt mich zuzuquatschen. Die übrigen Gäste des Pubs wurden jetzt merklich lebhafter, anscheinend fing gerade die zweite Halbzeit an.

»Man fand Netta Fornario am nächsten Tag tot, nur mit einem schwarzen Mantel bekleidet, in einer einsamen Ecke der Insel«, flüsterte er verschwörerisch. »Sie sehen, bei uns ist alles mit einer interessanten Geschichte verbunden. Whisky ist ein Fest für alle Sinne: Ohren, Augen, Nase und Zunge! Und jetzt nehmen Sie einen kleinen Schluck und verwöhnen Ihre Geschmacksknospen.«

Schotten sind schon seltsame Leute. Kaum hatte mir der Barkeeper die Vorzüge seines Whiskys nähergebracht, war ich wieder abgemeldet, König Fußball sei Dank. Kopfschüttelnd schwenkte ich mein Nosingglas und nahm nochmals eine Nase voll aromatischen Duftes. Dieses Getränk schien besser zu sein, als ich angenommen hatte.

Ich setzte mich ein wenig um, damit ich auch einen Blick auf den Minifernseher und das Spiel werfen konnte, und führte langsam das Glas in Augenhöhe.

Ein Spieler im roten Trikot des FC Liverpool eroberte gerade den Ball und stürmte in die gegnerische Hälfte. Im Pub wurde es unruhig. Ich drehte das Nosingglas vor meinen Augen hin und her. Der Liverpooler flankte, doch der Ball wurde abgeblockt – ein Raunen ging durch das Pub.

Ich schmunzelte vergnügt vor mich hin und setzte das Glas voller Erwartung an die Lippen. Derweil war der rote Flankengeber wieder an den Ball gekommen. Der Kommentator wurde immer aufgeregter und schrie den Namen des Spielers: Arne Riise.

Auf meinen Lippen brannte Alkohol. Riise flankte erneut. Ich entspannte mich, während sich der Whisky seinen Weg zu Zunge und Gaumen suchte. Der Ball landete auf dem Kopf eines weiteren Liverpoolers. Ich schmeckte Torf – Torf und Früchte.

»Gerrard!«

Langsam umschmeichelte eine leichte Süße meine Geschmacksrezeptoren. Mann, war das gut!

»Gooooooal!! Goal! Goal! Goal!«

Ich nahm noch einen Schluck, verteilte ihn genüsslich mit der Zunge. Es stand 1:3, das Pub tobte. Versonnen lächelnd saß ich auf dem Barhocker und nuckelte an meinem Nosingglas.

»Sie bringen Glück!« Der Barkeeper grinste mich an, als wäre er gerade einem Irrenhaus entsprungen. Dann streckte er mir seine Hand entgegen: »Ich heiße Sean und Sie?«

»Sven«, schlug ich artig ein, doch Sean blickte schon wieder gebannt auf seinen Minifernseher. Liverpool machte Druck. Ein Roter befand sich in guter Schussposition zum Mailänder Tor, gab aber an einen Mitspieler weiter. Der zog ab, vielleicht zwanzig Meter vor dem Kasten. Der Ball flog schnurgerade und schlug ein wie eine Bombe.

»Goal! Smicer, welch ein Schuss! Das ist der absolute Wahnsinn! Goal!« Obwohl der Kommentator brüllte, konnte ich ihn kaum verstehen. Verrückt, 2:3, nur zwei oder drei Minuten nach dem 1:3. Der Schankraum schäumte über vor jubelnden Menschen. Fußball hatte schon etwas Magisches, und an diesem Abend war ich überzeugt, dass man das auch vom Whisky sagen konnte. Unbedingt sogar!

»Sie bringen wirklich Glück!« Seans Grinsen wurde immer breiter. »Können Sie vielleicht noch ein Tor ...«

»Klar, mach ich! Nur zwei oder drei Minuten Geduld, dann steht es 3:3«, fabulierte ich lachend. Das war ein perfekter Moment. Ich spürte ein Glücksgefühl in mir. Um mich herum lachten und sangen fremde Leute. Ich saß völlig entspannt auf meinem Barhocker, mit einem Glas wunderbar wohlschmeckenden Whiskys in der Hand. Wenn ich einmal sterben würde, dann bitte in einem solchen Augenblick.

Grelle Pfiffe rissen mich aus meinen Träumen. Sie kamen aus dem Fernseher; irgendetwas war geschehen. Ein roter Spieler lag auf dem Rasen mitten im Mailänder Strafraum. Der Schiri wurde hart von weißen Trikots bedrängt, doch er zeigte unerbittlich auf den Elfmeterpunkt.

Und was, wenn meine Prophezeiung jetzt wahr wurde? Was war heute Abend nur los? Verrückt, das würde mir Ingrid nie glauben!

Ein Liverpooler legte sich den Ball zurecht – Alonso, wie der Kommentator erläuterte. Was, wenn er wirklich traf? Ich hatte es Sean doch gesagt. Hatte ich das nicht gesagt?

Alonso lief an und schoss. Ich starrte auf das Minidisplay und hielt die Luft an. Neiiiiin, der Mailänder Torhüter war zur Stelle, konnte den Ball abwehren. Das Leder prallte ab und sprang nach vorne weg. Ein roter Spieler stürzte darauf zu und zog ab.

»Goal! Xabi im Nachschuss!« Die Stimme des Kommentators wurde schriller.

War so etwas möglich? Ich saß in einem Pub, weit weg von zu Hause, und freute mich wie ein Schneekönig zusammen mit wildfremden Schotten über jedes Tor einer englischen Mannschaft. Das war verrückt, total verrückt.

Sean tanzte ausgelassen hinter seinem Tresen, dann stürzte er hervor und umarmte mich. Bevor ich Luft holen konnte, spürte ich seine Lippen auf meiner Stirn. Bestimmt bin ich krebsrot angelaufen, zumindest war ich zu gerührt, um zu reagieren. Schließlich ließ er mich los und meinte: »Du bist ein Zauberer, oder?«

Damit es nicht noch peinlicher wurde, nestelte ich nach meiner Brieftasche und kramte verlegen in meinen Münzen. »Wie war das? Den ersten Whisky zahle ich und pro Tor geht einer aufs Haus?«

»Ach, immer überkorrekt, ihr Deutschen. Du bekommst jetzt erst einmal noch einen Whisky. Liverpool ist wieder im Rennen, wer hätte das gedacht? Steck dein Geld weg, ja?«

»Na gut.«

»Wer ist das übrigens auf dem Foto? Deine Frau?« Sean deutete auf ein Bild, das ich in einem der Fächer meiner Brieftasche stecken hatte. Ich sah kurz auf das Foto, klappte dann meine Geldbörse zu.

»Ja, das ist Ingrid, meine Frau.«

»So so. Ingrid, die schönste aller Frauen!« Mit einem süffisanten Lächeln auf den Lippen griff Sean zielsicher nach einer Flasche, auf der *Highland Park* und etwas weiter unten *18* stand.

»Wie meinst du das?« Verwirrt sah ich meinem neuen Freund dabei zu, wie er den dunkel-bernsteinfarbenen Whisky vorsichtig in ein weiteres Nosingglas goss

und es vor mir auf den Tisch stellte, immer ein Auge auf
seinen Minifernseher gerichtet, um ja nichts vom Spiel
zu verpassen.

»Dies ...«, flüsterte er mit geheimnisvoller Stimme,
»ist einer der besten Whiskys, die es gibt, sagen Kenner.«

»Was hat das mit meiner Frau zu tun?«

»Er kommt von einer Brennerei auf den Orkney-
Inseln, der nördlichsten Destillerie Schottlands. Auf
diesen Inseln gibt es Monumente aus der Megalithkul-
tur, zum Beispiel den Grabhügel Maeshowe. Schon mal
davon gehört?«

»Bisher nicht.« Er wollte es wohl spannend machen
und da im Atatürk-Stadion gerade nichts Spannendes
passierte, ließ ich ihn gewähren und hob das Glas an
die Nase.

Süße umfing mich, eine betörende Süße von Karamell und Honig. Hmm, daneben auch etwas Torf, aber
nur ganz dezent. Das war fantastisch! Ich schloss ge-
nussvoll die Augen und sog diesen wunderbaren Duft
in mich auf. So etwas hätte ich nie erwartet. Diese Vielfalt an Aromen! Bisher war Whisky für mich immer
Trinkbenzin gewesen, das man durch Eiswürfel betäubt
oder nur mit Cola ertragen konnte.

»... Schatz weggebracht ...«

»Was?«

»Na ja, die Wikinger, diese Grabräuber, haben den
Schatz weggetragen.«

»Aha?! Welcher Schatz? Etwa von diesem Megali-
dingens?«

»Ja, und mit ihren Äxten haben sie Runen in die
Wände der Grabkammer geritzt, so eine Art Graffiti.«

»Die Wikinger?«

»Ja genau, und einer der Sprüche dort heißt: Ingrid
ist die schönste aller Frauen.«

»Wow, das ist toll. Die Wikinger hatten Geschmack!«

Zumindest war das keine Horrorstory wie die zuvor.
Dieses besondere Tasting mit Geschichtenerzählen und
Fußball machte richtig Spaß. Ich nickte Sean zu und
trank neugierig einen kleinen Schluck von diesem para-
diesisch duftenden Wunderwasser.

Mann, war das scharf! Hinter der Schärfe aber
schlug eine ganze Armee verschiedener Aromen auf
meine Geschmacksknospen ein. Irgendwie rund, dieser
Whisky, und trotz der Rauchigkeit wirkte er erstaun-
lich mild. Der Karamell, den ich bereits gerochen hatte,
fand sich genauso wieder wie Kakao. Daneben Torf und
... War das Eiche? Schmeckte ich da tatsächlich Eiche
heraus? Wahnsinn!

»Da ... da ist Eiche drin! Ich schmecke Eiche!«

Sean grinste mich breit an und brüllte etwas Unver-
ständliches in den Schankraum. Alles lachte. Ich kam
mir veräppelt vor, aber das legte sich schnell, als zwei
Schränke von Schotten auf mich zustapften und mir
auf die Schulter schlugen.

Stattdessen wurde mir mulmig. Was war denn jetzt los? War ich zu vertrauensselig? War das ein abgekartetes Spiel und man würde mich am nächsten Tag nur mit einem Mantel bekleidet tot an irgendeiner abgelegenen Stelle des Sees finden?

Nein! Die Jungs wollten mich nur einladen. Ich setzte mich also brav an ihren Tisch, an dem man freie Sicht auf den großen Plasma-Bildschirm hatte.

Im Laufe des weiteren Abends lernte ich diverse Seans, Olivers, Rorys, Calums und die nicht zu verachtenden Vorzüge schottischen Ales kennen. Meine Kollegen hatten mir wirklich Quatsch erzählt. Britisches Bier ist toll, besonders wenn man eingeladen wird!

Die restliche zweite Halbzeit ging ereignislos vorüber, zwei Verlängerungen auch. Dann kam das Elfmeterschießen und spätestens jetzt hatten mich die Einheimischen als einen der ihren aufgenommen.

Ich mache es kurz. Der FC Liverpool gewann das Champions League Finale gegen Mailand nach Elfmeterschießen mit 6:5. Der Jubel im *Dores Inn* war unbeschreiblich, und ich gestehe, dass ich feste mitgegrölt, gesungen und getanzt habe. Ich schämte mich nicht dafür! Plötzlich tauchte zwischen all dem Trubel Sean mit einem vollen Nosingglas auf. Richtig, es gab ja drei Tore in der zweiten Halbzeit und das war mein dritter Whisky.

Erwartungsfroh hielt er mir das Glas entgegen und

wartete gespannt, bis ich es an meine Nase geführt hatte.

Puh! Die goldgelbe, leicht ölige Flüssigkeit roch vor allem nach Tang und Rauch, dabei irgendwie auch würzig. Konnte man so was überhaupt mit Genuss trinken? Der Alkohol biss scharf bis in die hintersten Ecken meiner Nase, so dass ich sie schnell aus dem Glas zurückzog.

Ein skeptischer Blick auf Sean wurde mit einem aufmunternden Nicken quittiert. Was hatte er mir da nur für ein todbringendes Gesöff eingeschenkt?

»Das ist einer von den Classic Malts, ein Lagavulin von Islay. 16 Jahre alt! Versuch ihn, du wirst ihn mögen.«

Ich werde ihn mögen? War das die späte Rache der Schotten an uns Ausländern, für all die Klischees und Witze, die wir auf ihre Kosten reißen? Obwohl, dieser Lagavulin ließ einen Hauch von Süße erahnen, vielleicht sollte ich zumindest nippen.

Todesmutig führte ich das Glas an die Lippen und trank mit geschlossenen Augen. Ich schmeckte Rauch, beißenden Rauch vermischt mit Seetang. Oder war das Torf? Mein Gaumen brannte. Dieser Whisky war die Hölle! Jetzt schmeckte ich sogar Jod. Sean, was habe ich dir nur angetan? Dem alles erschlagenden Rauch folgte Süße. Als wäre das kein Whisky, sondern feinster Sherry. Unbeschreiblich! Darüber schwebte ein Hauch von Vanille. Diese Vielfalt! Diese Intensität! Das war das Paradies!

»Der ist toll! So etwas habe ich noch nie erlebt. Und ... hat er auch eine Geschichte?«

»Sicher, aber die kann ich nicht erzählen. Es ist deine Geschichte«, sagte Sean mit seltsamem Ernst. Dann machte er auf dem Absatz kehrt und ging zurück hinter seinen Tresen.

Meine Geschichte? Wie meinte er das? Gedankenverloren trank ich inmitten lachender, tanzender und grölender Schotten den letzten Rest Lagavulin. Meine Geschichte ...

Es war stickig im Schankraum, also beschloss ich, frische Luft zu schnappen und nachzudenken. Um dem Lärm zu entkommen, schlug ich den Pfad am Seeufer ein.

Über Loch Ness zog Nebel auf und mich fröstelte. Nein, ich habe Nessie nicht gesehen an jenem Abend, aber eines wurde mir unmissverständlich klar: Es *war* meine Geschichte, die hier anfing! Eine Romanze zwischen mir und Schottland – und dem Whisky natürlich.

Glasgeschichte

Lisa Weichart

Tiefe Querfalten lagen auf Stefans Stirn. Sie sollten zeigen, wie angestrengt nachzudenken er in der Lage war. Nora zog ungeduldig die Wohnungstür auf. Endlich setzte er sich langsam in Bewegung. Sie waren vor Kurzem eingezogen und wollten dem Herrn in der darüberliegenden Wohnung den schon lange anstehenden Begrüßungsbesuch abstatten.

Bernie war Oberstudienrat und ein alter Junggeselle von der ganz harten Sorte. Resistent gegen Bindungen, resistent gegen Veränderungen, aber sehr auf angenehmen Lebensstil bedacht. Ein Genießer, der nicht einfach zum Einkaufen ging, sondern auf dem Markt den Gemüsekauf zelebrierte. Ein Reisefreund, der mutterseelenallein nahezu jeden Kontinent besucht hatte. Ein Kunstliebhaber mit Sinn für Ästhetik in Literatur, Malerei und Musik. Seine eigene Schönheit hatte zu diesem Zeitpunkt bereits den Zenit überschritten, aber er war – wie *frau* sagt – ein interessanter Mann.

Doch das war nicht der Grund für Noras Verwunderung bei diesem nachbarschaftlichen Besuch. Er bat die beiden zunächst ins Wohnzimmer, einen hellen, eher spärlich möblierten Raum mit umso mehr Kunstdrucken und Plakaten und Büchern. Das Jugendstilhaus bot einen ehrwürdigen Rahmen mit seinen hohen Wänden und dem Stuck an der Decke. Im Winkel hockte ein dunkelgrüner Kachelofen, der – wie Bernie – schon in die Jahre gekommen war und sich dezent bemühte, die herbstliche Kühle im Raum zu mildern. Alle nahmen Platz auf niedrigen, beim Setzen sich erdnah duckenden Ledersesseln, und Nora lachte, wie sie immer lachte, wenn sie nicht so recht wusste, was sie sagen sollte. Ihr eigenes Kichern irritierte sie und sie sah einen Hauch zu interessiert auf die beachtliche Flaschensammlung im Regal. Bernie folgte ihrem Blick und fragte unvermittelt: »Darf ich euch einen Schluck Whisky anbieten?«

Trutzige Flaschen glänzten mit honigfarbenen, bernsteingelben und erdbraunen Whiskys. Ausschließlich schottische Sorten, so weit das Auge reichte. Sie wirkten wie zufriedene Männer nach getaner Arbeit beim geselligen Zusammenstehen. Ohne die Antwort abzuwarten, erhob sich Bernie, holte drei Gläser und nahm zielstrebig eine der volleren Flaschen zur Hand. *Cardhu* prangte in Schnörkeln auf dem Etikett. Er schenkte ein und reichte den Gästen je ein Glas; sein eigenes hielt er sich unter die Nase. Und dann begann er zu reden. Langsam sprach er, und seine Augen glänzten. Er geriet ins Schwärmen, wobei er mit farbgetränkten Worten malte. Als Nora einen Schluck genommen hatte, begann sie sein Gemälde mit allen Sinnen wahrzunehmen. Mitten im Zimmer entstand eine karge Moorlandschaft, in der die Wolken so tief dahinzogen, dass die Gräser am Rande des Moores sie am Bauch kitzeln konnten. Von brennenden Hölzern stieg Feuergeruch auf, und Torf duftete mild gleich Heu im Sonnenschein, obwohl sie immer gedacht hatte, Torf würde modrig stinken. Was machte Bernie da? Sie setzte das Glas ab und sah ihn an. So lächelten nur Verliebte: entrückt, entzückt. Nun erzählte er von Schottland, seinen Reisen; von einer Frau sprach er dabei nie. Ab und zu strich er sich durchs Haar, doch das Glas ließ er nicht los. Der Mann wärmte den Whisky, und der Whisky wärmte den Mann. Im Raum wurde es heimeliger. Das lag auch an den schweren Holzfässern in der Destillerie, die er beschrieb; sie drückten den Kachelofen regelrecht beiseite mit ihren dicken Bäuchen, so dass er die Hitze ausatmete. Der Inhalt der Fässer war so gewichtig, dass sie sich diese Frechheit erlauben konnten. Ein See entstand vor ihren Augen, so klar, dass sie den Grund sehen konnte. Nora fürchtete hineinzufallen, so genau beschrieb Bernie die kleinen Kieselsteine in der Tiefe. Das Wasser sei reiner als manche Wahrheit, meinte er, und der Whisky sei wärmer als manches Herz.

Das Brennen in ihrer Kehle ähnelte dem Brennen, das sie vom Weinen kannte. Es war verwirrend, denn sie spürte Tränen. Tränen der Einsamkeit, denn Stefan schien nichts von der Wunderwelt wahrzunehmen, als er unvermittelt ein Loch in die Geschichte riss, indem er meinte: »Ein Bier wäre mir jetzt lieber!«

Schmerzlich einsam war sie, aber sie wollte glücklich sein. Sie schwieg zu seinem Kommentar, statt endlich einmal zu widersprechen. In dem Moment stellte Nora mit Erstaunen fest, dass so ein Whisky durchaus schmerzlindernd, ja befreiend wirken konnte. Und ihr Lachen wurde ein freies Lachen, wie die Wolken über dem Moor. Das Bauchkitzeln ließ sie noch heiterer werden, und sie überging die Bemerkung schmunzelnd, um weiter zuhören zu können. Dies war die Welt der Geschichten, in die sie so gerne eintauchen wollte. Sie nahm noch einen Schluck.

Bernie erzählte eine kleine Liebesgeschichte am Rande der endlosen Moore. Beiwerk wie der Korkuntersetzer, aber ein klangvoller Akzent. Bernie trug keine Schuhe, so dass sie sah, wenn sich die Zehen bewegten. Wie Finger auf einer Tastatur, nur bedächtiger. Er atmete im Rhythmus der Worte, die den Wind im schottischen Hochland beschrieben. Sehnsucht wehte darin, Sehnsucht nach etwas jenseits all der Worte. Der Wind zog Nora mit, und sie fühlte sich traurig werden, als Stefan plötzlich hineinplatzte: »Jetzt wollen wir aber nicht länger stören.« Aus war die Geschichte. Wieder einmal sagte sie nicht, was sie empfand.

Sie gingen nach unten in ihre ordentliche Wohnung. Nora streifte eine winzige Spinnwebe vom Kaktus auf dem staubfreien Fensterbrett. Für einen Moment kam sie sich vor wie eine Stubenfliege, die sich im Netz verfängt. Dann griff sie zur Küchenschürze und knotete sie fest um den Bauch.

Alles fließt

Gudrun Büchler

»Die amerikanischen Gewinne verrecken, Barry. Was willst du dagegen unternehmen?« Stuart setzte sich auf die Tischkante neben den Beamer, der den Abwärtstrend der Ergebnisse für alle sichtbar an die Wand brannte. »Die Entwicklung der ersten beiden Vorjahresquartale war zwar einstellig, aber wenigstens positiv – dieses Jahr zweistellig? Und dafür negativ?«

Barry lockerte den Krawattenknoten und lehnte sich zurück. »Frag doch Kaoru, wann er seinen Leuten endlich verbietet, unsere Kunden abzuwerben. Fünf Prozent des Wachstums unserer japanischen Business Unit, lieber Stuart, kommen daher, weil Kaoru Importeuren amerikanischer Ware günstigere Preise bietet, wenn sie direkt bei ihm in Japan bestellen. Diese fünf Prozent musst du also bei mir dazurechnen.«

Kaoru saß ihm schräg gegenüber und zuckte mit keiner Wimper.

Daneben lehnte Noreen sich zurück, verschränkte die Arme und grinste. »Jetzt weißt du endlich, wie sich das anfühlt, Barry.« Sie richtete einen violett lackierten Fingernagel auf sein Gesicht. »Uns kleinen Iren darf man zahlende Kunden wegnehmen, aber wehe dem, der sich an den Amis vergreift? Autsch, Kollege.«

Irgendjemand lachte. Michelle applaudierte, wie Barry im Augenwinkel sah. Er verweigerte den direkten Blickkontakt. Ihre Schadenfreude war vermutlich nicht nur beruflich motiviert, und er hatte sich bereits geschworen, nach diesem Meeting gar nicht erst mit Bier zu beginnen. Nie wieder würde er mit seiner Hand auf ihrem Hintern und ihrer Hand in seinem Gesicht enden!

Stuart klopfte auf den Tisch. »Es kann doch nicht sein, dass wir dafür Spielregeln einführen müssen. Holt euch das Wachstum bitteschön von der Konkurrenz und nicht von den Auslandskollegen! Schluss für heute!«

Barry lehnte an der Bar und beschäftigte die Hände mit Erdnüssen und Händeschütteln. Bloß kein Bier trinken, dachte er.

»Um neun bei mir. 446«, raunte Noreen ihm von hinten ins Ohr.

20:12 Uhr zeigte die Swatch des Österreichers neben ihm.

Barry ging auf die Toilette und telefonierte. »... ja,

mein Schatz, gib auch deiner Schwester einen Gute-
nachtkuss von mir ... hallo, Liebling, nein, wie immer
... ja, Stuart mal wieder als Lehrmeister ... nein, ich geh
dann wohl schlafen, die anderen trinken noch die Bar
leer ... du mir auch, bis morgen.« Er ließ Wasser über
seine Handgelenke fließen und kämmte mit den nassen
Fingern durch die Haare.

Draußen tummelten sich die Kollegen, Männer und
Frauen unterschiedlicher Hautfarben und Altersklas-
sen, alle mit Bier- oder Weinglas, Smalltalk, Business
as usual, langweilig, noch mehr Erdnüsse. 20:42 Uhr.

Er verabschiedete sich vom deutschen Kollegen
und der Portugiesin, die mit ihrer kleinen Hand immer schneller in der Erdnussschüssel gewesen war als
er. Diese Frau würde er in Zukunft meiden, beschloss
Barry.

In seinem Zimmer hängte er Krawatte und Sakko
über den Stuhl, kramte im Koffer und schlenderte den
Gang hinunter zu 446. Er klopfte.

Noreen öffnete und kicherte. »Passwort?«

»Bourbon, what else.« Barry schob sich an ihr vorbei.

Zwei Flaschen standen bereits auf dem Tisch, er
stellte seine dazu.

»Wer ist es denn?« Die Toilettenspülung verwischte
den Klang der Männerstimme aus dem Bad.

Barry betrachtete die Etiketten der beiden anderen
Flaschen. Der 12-jährige Connemara konnte nur von

Noreen sein, die zweite Flasche – er hielt sie ins Licht – war ein Laphroaig. »Stuart, alter Knabe, komm raus aus dem Klo. Dafür ist es zu früh!«

Die Badezimmertür flog auf. »Ich hab an deinen Ami-Fusel gedacht, ich konnte nicht anders! Wenn der genauso mies ist wie deine Zahlen ...!«

Die Männer lachten und umarmten sich.

Es klopfte.

»Ich geh schon«, wandte sich Barry an Noreen, die soeben alle Salzgebäckvorräte aus der Mini-Bar auf den Tisch räumte. Er öffnete die Tür, Kaoru stand im Flur. »Kennung?«

»Bier und Wein, das lass sein.«

Barry schmunzelte und ließ den japanischen Kollegen zusammen mit seiner Whiskyflasche eintreten.

Stuart nahm sie ihm ab. »Zeig mal her. Mars Maltage Satsuma 1984«, las er laut und pfiff durch die Zähne. »Das ist bessel als jedes Magulo-Sushi, liebel Fleund.«

Kaoru boxte ihm freundschaftlich gegen den Oberarm und ließ sich in einen Sessel fallen.

»Gläser!« Barry öffnete seinen Hancock's Reserve.

Wieder klopfte es.

»Noch wer?« Er schaute Noreen an, während er ihr einschenkte.

Sie zwinkerte, ging zur Tür und öffnete. »Passwort?«

»Champagner ist was für Girlies!« Michelle trat ein und schwenkte einen länglichen Karton. »Da schaust du, gell?« Sie drückte ihn Barry in die freie Hand. »Entschuldigung überflüssig, Bier macht aus Menschen eben Tiere. Ich gehe davon aus, dein Hirn bleibt, wo es ist, wenn du Whisky trinkst.«

»Alles klar.« Er zog die Flasche aus der Box und betrachtete das Etikett. »Unter der Bedingung, dass es in Kanada brauchbaren Whiskey gibt.«

»Bitte kürzer betonen, Kollege. Wir schreiben ihn ohne *e*.«

»Ich will nicht den Boss rauskehren, aber können wir jetzt zum Wesentlichen kommen?« Stuart nahm Barrys Bourbon, füllte die restlichen Gläser und reichte sie weiter. »Auf unsere Sales-Konferenzen!«

»Auf das, was uns verbindet!« Noreen prostete ihm zu.

»Und auf das, was uns trennt.« Kaoru stieß mit Barry an und trank.

»Was bei euch ja nicht so viel ist, wie wir heute gehört haben.« Michelle öffnete ihren Glen Breton. »Ihr grabt beide den Kundenstock eurer Kollegen an. Zum Glück haben wir nicht so viele Firmen, die nach Japan exportieren. Mir reicht schon der hohe Anteil im Grenzverkehr mit dir, Barry.«

»Was meint Kaoru sonst, das uns trennt?«

»Frag ihn doch selbst.«

Barry hielt Michelle sein Glas hin. »Er ist schuld, dass Stuart mich heute wie einen Schuljungen vor 120 Leuten abgekanzelt hat!«

»Auf das, was uns verbindet, Barry.« Noreen erhob ihr Glas.

»Na gut, ich will nicht so sein. Japanischer Whisky ist hoffentlich nicht genauso schlecht wie deine Geschäftsmoral ... Also, was versuchst du uns zu sagen?« Barry wandte sich an Kaoru.

»Uns trennt die Einstellung«, der Japaner grinste ihn über das Glas hinweg an, »und natürlich das Vorzeichen beim Wachstum.«

»Das glaub ich einfach nicht!« Barry schüttelte lachend den Kopf.

»Immer mit der Ruhe.« Der Verschluss des Laphroaigs knackte, als Stuart ihn aufdrehte. »Ernste Diskussionen vertrage ich erst ab dem vierten Whisky. Nehmt bitte Rücksicht auf einen alten Schotten. Alle versorgt? Sláinte mhath!« Er prostete in die Runde.

»Lang may yer lum reek!«, antwortete Noreen und kicherte.

»Was bedeutet das?« Michelle stand auf, streckte sich und legte sich aufs Bett.

»Das willst du nicht wissen«, sagte Barry.

»Sag schon.«

»Lang möge dein Schornstein rauchen.«

»Ist doch ein schöner Spruch.« Michelle lächelte.

»Wenn man kein Bier getrunken hat und die Hände in den Hosentaschen behält ...« Barry zwinkerte. »Du siehst, ich lerne.« Er wandte sich zu Kaoru. »Hast du

auch etwas Konstruktives zu diesem Meeting hier bei-
zutragen?«

Der Japaner wiegte den Kopf hin und her. »Die Geschichte von den zwei Fröschen vielleicht.«

»Geschichte, Geschichte!« Noreen hüpfte in ihrem
Sessel auf und ab.

Stuart schob ihr den Connemara als Aufforderung
näher. »Wenn man dich nicht bei Tageslicht kennen
würde, käme man nie auf die Idee, dass du 20 Millio-
nen Euro Umsatz verantwortest, my dear.«

»Gut so!« Sie öffnete den Whiskey und schenkte aus.

»Frösche also.« Barry roch an seinem Glas. »Ich bin
ganz Ohr.«

Kaoru schloss die Augen. »Es lebten zwei Frösche
auf der Insel Hondo, einer in Kioto und einer in Osaka. Eines Tages beschlossen beide zur selben Zeit, den
Berg, der sie trennte, zu überqueren, um die jeweils
andere Stadt zu besuchen, von der sie gehört hatten.
Und so quälten sie sich ihre Seite des Bergs hinauf
und trafen just zur selben Zeit am Gipfel ein.« Kaoru
schwieg.

»Und weiter?« Michelle lag auf dem Rücken, das
Glas stand auf ihrem Bauch, der Whiskey darin schau-
kelte im Rhythmus der Atmung.

Kaoru hielt die Augen geschlossen, während er das
leere Glas zum Tisch reichte. Noreen füllte nach.

»Sie kamen ins Reden, die Frösche«, fuhr er nach

einem genüsslichen Schluck fort, »darüber, wie beschwerlich der Aufstieg war, und das alles, um eine fremde Stadt zu sehen, von der sie nicht einmal wussten, ob sie die Mühe lohnte. Und einen Moment lang überlegten beide, einfach wieder umzudrehen.«

»Komm zum Punkt.« Stuart gähnte. »Worum geht es?«

«Um das, was uns trennt, den lieben Barry und mich. Also Geduld, bitte, Frösche sind langsame Tiere.« Kaoru nahm wieder einen Schluck. »Wenigstens von oben betrachten, kamen die Frösche überein, wollten sie die jeweils fremde Stadt, um sich eine Meinung zu bilden, ob sie den Weg vielleicht doch wert war. Und so richteten sie sich auf den Hinterbeinen Bauch an Bauch aneinander hoch, um über das Gras hinweg auf diese Stadt hinunterblicken zu können.«

»Nicht dumm, die beiden.« Wenn sich Kaoru schon um Verständigung bemühte, dachte Barry, musste er auch etwas beitragen.

»Darum geht es nicht, abwarten.« Kaoru wiegte wieder den Kopf. »Sie bedachten nicht, dass sie auf den Hinterbeinen stehend mit ihren Froschaugen zurückblickten und somit auf jene Stadt, aus der sie gekommen waren. Enttäuscht hockten sich beide wieder auf die Erde und resümierten, dass die fremde Stadt genauso aussah wie die eigene. Der Aufwand, den Berg hinunter und dann den weiten Weg wieder zurückzugehen, lohnte also nicht. Sie verabschiedeten sich, drehten um und gingen nach Hause.«

»Genau.« Noreen rollte sich in ihrem Sessel ein und legte den Kopf auf die Armlehne.

»Wie, genau?« Barry schaute vom einen zum anderen.

»Genau.« Kaoru öffnete die Augen und griff nach dem Mars Maltage Satsuma von 1984. Er drehte den Verschluss mit einem Ruck auf, als bräche er einem Huhn das Genick. »Hat jemand Lust auf irisches Wissen aus japanischer Destillerie?«

Barry blickte auf die Flasche in Kaorus Hand und nickte langsam. Ob Kioto oder Osaka, japanischer Umsatz oder amerikanischer, wozu das Theater? Sogar dem Whiskey machte es nichts aus, ob er mit *e* oder ohne geschrieben wurde, ob er aus Schottland oder Kanada stammte, solange er gut war. Dieses, jenes, meines, deines. Barry klemmte das Glas zwischen die Zähne, legte den Kopf in den Nacken und ließ die letzten rauchigen Tropfen des Connemara in der Kehle verenden, während es in seinem Kopf weit wurde. »Alles fließt«, murmelte er in das Glas, bevor er es Kaoru reichte. »Genau.«

»Anscheinend fällt niemandem hier auf, dass die Frösche so betrachtet die Städte auf dem Kopf gesehen haben müssen.« Stuart trank einen kräftigen Schluck und schaute in die Runde.

»Doch«, grinste Barry ihn an. »Aber es ist nicht wichtig.«

»Genau.«

Wasser des Lebens

Boris Schneider

Zwölf Uhr mittags, high noon. Die Sonne stand senkrecht am flirrend blauen Himmel und zwang Malcoms Schatten, sich unter den Sohlen seiner abgewetzten Lederstiefel zu verbeißen. Winzige Staubtornados zogen über die menschenleere Hauptstraße von Redwood City. Das Schild des Saloons schwang mit einem metallischen Quietschen hin und her.

Malcoms Hals war ausgedörrt. Seine Kehle sehnte sich nach einem kühlen Tropfen. Die Sporen klirrten bei jedem Schritt. Er hatte Blackjack in einem Wäldchen vor der Stadt angebunden und war die eineinhalb Meilen zu Fuß gelaufen. Dumpf pochten seine Schritte auf den Stufen zum Saloon. Das Holz der Schwingtür fühlte sich glatt und kühl an, abgegriffen von Tausenden von Händen.

Alle Blicke wandten sich ihm zu, als er den Raum betrat. Er achtete kaum darauf. Das war er gewohnt.

Unbeirrt schritt er zur Theke. Der Wirt blickte ihn fragend an. Malcom schlug mit der flachen Hand auf den Tresen. »Einen doppelten Whiskey!«

Der Wirt zuckte zusammen. Er starrte zu einem Tisch in der Ecke. Malcom folgte seinem Blick. Ein Lichtstrahl spiegelte sich in dem Stern auf der Brust des Mannes, der dort saß.

Der Wirt räusperte sich. Er wich Malcoms Blick aus, als er antwortete; seine Stimme war beinahe ein Flüstern: »Sorry, kein Whiskey, die Prohibition.«

Malcom grinste. Hier war er richtig.

Er biss in den Hähnchenschlegel, dass das Fett spritzte. Genüsslich ließ er die krosse Haut zwischen den Zähnen knacken. Bratenduft füllte seine Nase. Gerade wollte er erneut zubeißen, als eine Hand herabfuhr und sein Gelenk wie ein Schraubstock umfasste.

Der Mann ist verdammt schnell, schoss es ihm durch den Kopf, aber ich bin es auch!

Die fremde Hand war kräftig. Er spürte die Schwielen vom Leder der Zügel an seiner Haut reiben. Schwarze Haare kräuselten sich am Handrücken.

Malcom blickte nicht auf. Er warf das angenagte Bein mit einer Drehung in die Luft, fing es geschickt mit links auf und biss hinein. Zufrieden registrierte er das erstaunte Luftholen der anderen Gäste. Plötzlich wurde es still. Ein Knistern lag in der Luft. Malcom hätte es nicht gewundert, wenn sich die schwarzen Haare am Handrücken aufgestellt hätten.

Ein Knurren entrang sich der Kehle schräg über ihm. »Werd nicht frech, Bürschchen!« Die Stimme klang wie ein Reibeisen.

Für einen kurzen Augenblick lockerte sich der Griff der fremden Hand. Mit einer fließenden Bewegung wand sich Malcom frei, stieß den Stuhl weg und stand auf. Eisblaue Augen starrten in pechschwarze. Beide Männer hatten die Rechte am Halfter.

Malcom zerrte mit einem weiteren Bissen das letzte Fleisch ab und warf den Knochen auf seinen Tisch. »Ah, Sheriff, wollt Ihr Euch zu mir setzen? Ich würde Euch ja einen Whiskey ausgeben ... aber die Prohibition.«

»Fremder, ich warne dich nur einmal! In Redwood City herrschen Gesetz und Ordnung. Ich lasse mir nicht auf der Nase herumtanzen!« Der Sheriff drehte sich um und ging.

Als die Schwingtür wieder stillstand, erlaubte sich Malcom ein Grinsen. Hier war er goldrichtig!

Nur ein Haufen abgenagter Knochen zeugte noch vom Wohlgeschmack des ehemaligen Brathähnchens. Der würzige Duft hing noch in der Luft. Genüsslich leckte sich Malcom die Finger. Er suchte Blickkontakt. In Abwesenheit des Sheriffs wirkte der Wirt viel entspannter. Die Andeutung eines Nickens ließ Malcom aufstehen und zu ihm hinübergehen. »Der Vogel war verdammt gut! Jetzt noch ein Glas ...« Er beendete den Satz, indem er die Augenbrauen hochzog.

Wieder dieses angedeutete Nicken, gepaart mit einem kaum wahrnehmbaren Grinsen. »Wasser«, sagte der Wirt und krachte ein leeres Glas auf den Tresen. Liebevoll zog er eine halbleere Flasche aus einer Schublade, jungfräulich unbeschrieben, der Inhalt bernsteinfarben und klar. Mit geübter Bewegung öffnete er sie und goss wenig mehr als eine Daumenbreite ein.

Malcom hob das Glas und schwenkte es. Seine Nase meldete ein Wiedererkennen, leicht erdig mit einer Note von Haselnuss. Er schloss für einen Moment die Augen und ließ die Flüssigkeit wohlig seine Kehle hinabbrennen. »Euer Wasser ist gut.« Auffordernd schob er das Glas zurück.

Der Wirt zuckte mit den Schultern. »Aber teuer!« Taxierend starrte er Malcom an.

»Vielleicht«, sagte Malcom und lächelte, »vielleicht kann ich Euch ein Geschäft vorschlagen.«

Als er den Saloon verließ, war die größte Mittagshitze vorbei. Männer ritten die Straße hinab. Die Postkutsche holperte vorbei. Ein kühler Luftzug stahl sich unter Malcoms Hemd und ließ seine Brustmuskeln zucken. Er fühlte sich beobachtet. Ein Junge starrte ihn an. Malcom grüßte, indem er mit den Fingerspitzen seinen Hut antippte. Erschrocken blickte der Bursche zu Boden und rannte davon. Mit einem Seufzen ließ Malcom die Sporen klingen; er hatte noch einen weiten Weg vor sich.

Zwei Häuserfronten weiter entschloss er sich spontan, einen kleinen Umweg zu machen. Er tauchte in den Schatten zwischen zwei Gebäuden. Instinktiv drückte er sich in eine Nische und beobachtete die Hauptstraße. Mit suchendem Blick trabte soeben der Sheriff vorbei, auf einem Pferd so dunkel wie seine Augen.

Malcom furchte die Stirn. Dieser Mann war mit Vorsicht zu genießen, aber er würde ja nicht lange in Redwood City bleiben – und ohne den gewissen Nervenkitzel wäre das Leben ohnehin langweilig.

Der Mond war nicht neu und nicht halb, irgendetwas dazwischen. Malcom blickte hinauf zu der Sichel, die ihr bleiches Licht durch die Bäume am Waldrand schickte. Blackjacks Fell glänzte silbrig. Der Hengst wieherte. Er verstand nicht, warum er in der tiefsten Nacht unbeweglich auf der Stelle verharren sollte.

»Ist gut, mein Junge«, flüsterte ihm Malcom ins Ohr, »gleich geht's los.«

Am Rand seines Sichtfeldes schälte sich ein Schemen aus der Schwärze. Er hielt auf den verkrüppelten Baum zu, den sie die Galgeneiche nannten. Das musste er sein! Malcom wartete noch, bis der andere direkt unter dem ausladenden Ast anhielt, dem der Baum seinen Namen und vermutlich sogar seine Bestimmung verdankte. Malcom lachte trocken. Es sah aus wie einer dieser makabren Scherenschnitte von Chang-Li; kein gutes Omen. Trotzdem gab er Blackjack mit den Schenkeln ein Zeichen. Das Pferd schnaubte erleichtert, als es aus dem Wald trabte.

Der Schemen hob die Hand. Malcom erwiderte den Gruß und klopfte auf das Holzfässchen, das er hinter sich festgeschnallt hatte. Es klang dumpf. Man hörte, dass es fast voll war. Malcom konnte, wenn er sich konzentrierte, das sanfte Gluckern des Whiskeys im Fass hören. Für einen winzigen Moment schoss das Bild eines mondbeschienenen Sees in sein Hirn, umgeben von rauen Heidehügeln. Heiße Sehnsucht umkrampfte sein Herz. Damals, als er noch Gregory McHolm gewesen war ... Diese Zeit war längst vergangen. Amerika hatte Malcom aus ihm gemacht. – Dann war der Augenblick vorbei.

Der Schemen hatte mittlerweile die Konturen von Ben, dem Wirt, angenommen.

»Ihr seid spät dran«, sagte Malcom.

Der Wirt zuckte die Schultern. »Ich musste vorsichtig sein.« Er zog zwei Holzbecher aus der Manteltasche und hielt sie Malcom hin.

Der Schotte grinste. »Lassen wir die Katze aus dem Sack!« Er schnallte das Fässchen los und goss ein. Ein kleiner Schwupps ging daneben und wurde gierig vom Boden aufgesogen. Malcom seufzte. Beim Anstoßen sah er Ben in die Augen – keine Unsicherheit, kein Zögern. Beide tranken schweigend.

»Dein Wasser ist gut«, sagte der Wirt und hielt ihm erneut den Becher hin.

»Aber teuer!«, lachte Malcom und goss nach.

Sie hatten gerade Whiskey und Geld getauscht, als Ben fluchte: »Bullshit!«

Malcom folgte seinem Blick. Am Horizont zeigte sich neben den ersten zarten Anzeichen der Dämmerung die kantige Silhouette eines Reiters, der schnell näherkam.

»Ich dachte, ich hätte ihn abgehängt«, entschuldigte sich Ben. Hastig zurrte er das Fass fest.

Malcom verzog den Mund – wie war das noch mit der Langeweile in seinem Leben?

»Der Sheriff?«, fragte er.

Ben nickte.

»Rette den Whiskey!«, bestimmte Malcom. »Ich versuche, ihn wegzulocken.«

Er glitt in den Sattel und preschte los, seitlich auf den Wald zu. Ein grimmiger Blick zurück zeigte ihm, dass der Sheriff die Richtung änderte und ihm folgte. Sein Vorsprung war akzeptabel und bis zum Morgen noch ein wenig Zeit. Malcom beschloss, es zu riskieren. Er hatte noch ein zweites Fässchen versteckt. Schon tauchte er zwischen den Bäumen ein. Zweige schlugen ihm ins Gesicht, zerkratzten seine Arme. Blackjacks Hufe wirbelten den Boden auf. Wenn es hell war, würde ihm ein Blinder folgen können. Er schätzte die Richtung ab und eilte weiter. Diesmal grinste Malcom nicht. War er hier richtig?

Messergleich schnitten die Morgensonnenstrahlen zwischen den Ästen hindurch, bis sie sich irgendwo in einen Stamm bohrten. Modergeruch dampfte aus dem Erdreich, als Malcom die kleine Lichtung mit den Überresten seines Feuers betrat. Hinter ihm knackten und brachen die Zweige.

Der Sheriff klebte hartnäckig an seinen Fersen. Er kam näher.

Malcom lockerte sein Halfter. Schweiß brannte in seinen Augen. Er scharrte das Laub von seinem Fässchen und hievte es auf Blackjacks Rücken. Hastig zurrte er es fest und schaute dabei über die Schulter zurück. Etwas Großes bewegte sich zwischen den Bäumen. Malcom prüfte erneut den Sitz der Waffe und schwang sich in den Sattel.

»Stehen bleiben!«

Malcoms Sporen blitzten. Blackjack sprang mit einem lauten Wiehern vorwärts.

Ein Schuss peitschte durch die Luft. Die Kugel splitterte Rinde von einem Baum rechts neben Malcom.

Blackjack fegte durch das Unterholz. Malcom duckte sich in den Sattel.

Ein zweiter Schuss knallte. Malcoms Colt stahl sich in seine Hand. Kälte ging von der Waffe aus, rann durch seine Hand über den Arm bis in sein Herz. Wenn es sein soll, soll es sein! Er schoss zurück. Pulverdampf kitzelte seine Nase. Die Augen wurden zu Schlitzen. Malcoms fünftem Schuss folgte ein Schrei.

Das kurze Triumphgefühl wich eisiger Ernüchterung. Habe ich ihn umgebracht? Er zögerte, blickte zurück. Die Gestalt hinter ihm glitt stöhnend aus dem Sattel, presste die Hand ans linke Bein. Erleichtert wandte er sich ab.

Ein verdammt langer Tag presste seine Spuren in Malcoms Glieder. Die Oberschenkel zitterten, die Hände verkrampften, die Kratzer an den Armen brannten. Staub lag auf seiner Zunge und ließ sie am Gaumen kleben. Er hatte die Berge erreicht. Der steinige Boden würde seine Spuren verbergen.

Ebenso müde und ausgelaugt wie er selbst kämpfte sich das Pferd auf eine Anhöhe. Er beschattete die Augen gegen die untergehende Sonne und blickte zurück. Ein Reiter! Malcom fluchte, als er die Gestalt erkannte. Der Sheriff hatte das linke Hosenbein aufgeschnitten und den Unterschenkel mit Stofffetzen notdürftig verbunden.

Malcom spürte so etwas wie Respekt. Dieser Mann war hartnäckig, stur und mutig. Vielleicht hatte auch er schottische Wurzeln. Malcom seufzte und zwang sein ausgemergeltes Pferd vorwärts. Er bezweifelte, dass er den Sheriff abhängen würde, aber er musste weiter, weiter, so lange das Licht reichte.

Die Dunkelheit und das unbekannte Gelände zwangen ihn schließlich anzuhalten. Am Ufer eines Gebirgsbächleins rutschte er steif aus dem Sattel.

Eiswasser! Prustend schoss Malcom aus dem Schlaf. Seine Hand fuhr zum Halfter – leer! Er blickte in die Mündung eines fremden Colts. Ein Albtraum! Verflucht, er war eingeschlafen. Das ausgezehrte Gesicht des Sheriffs grinste ihn an. Die schwarzen Augen glänzten fiebrig. Schweißströme perlten unter der Hutkrempe hervor. Er sah aus wie der leibhaftige Tod; zur Morgendämmerung aus der Hölle gestiegen, um ihn zu holen. Und so ähnlich war es ja auch.

Malcom zuckte mit den Schultern. Ein Mann muss wissen, wann er verloren hat.

Der Sheriff deutete mit einer Handbewegung auf Blackjack.

Malcom raffte seine Sachen zusammen und stieg auf. Schweigend machten sie sich auf den Rückweg nach Redwood City. Malcom war das Grinsen vergangen. Es entwickelte sich richtig, richtig schlecht.

Er ritt voran. Der Sheriff folgte in seinem Rücken, die Waffe im Anschlag. Malcom wusste es, ohne zurückzuschauen. Er hatte schon lange nicht mehr zurückgeschaut, sondern hing seinen eigenen trüben Gedanken nach.

Ein Plumpsen ließ ihn herumfahren. Regungslos lag der Sheriff zu Füßen seines Pferdes, die Waffe hielt er fest umkrampft.

Eine Falle, schoss es Malcom durch den Kopf, er will mich auf der Flucht erschießen! Er wartete, sah, wie sich die Brust mit raschen Atemzügen hob und senkte, sah das blutleere Gesicht, sah, wie ein Zittern den Körper ergriff. Der Mann ist krank! Ohne nachzudenken stieg er ab. Der Puls des Gesetzeshüters raste, der Kopf glühte vom Fieber. Der Sheriff war bewusstlos.

Malcom entwand ihm die Waffe. Soll ich abhauen? Er ging zurück zu Blackjack, dann kehrte er wieder um und zerrte die vom Schüttelfrost gepeinigte Gestalt in den Schatten. Der linke Unterschenkel war geschwollen; die Schussverletzung musste sich entzündet haben. Er löste den behelfsmäßigen Verband. Fauliger Geruch stieg ihm in die Nase. Der Stoff war gelb und rot befleckt, die Haut verkrustet von geronnenem Blut und Eiter; ein rötlicher Faden zog sich etwa eine Fingerlänge das Bein hinauf. Er wusste, was das bedeutete: Sein Gegner hatte eine Blutvergiftung.

Malcom riss sein Ersatzhemd in Streifen. Dann

tränkte er einen der Lappen in Whiskey und reinigte die Wunde. Der Sheriff krümmte sich und stöhnte, blieb aber weiter ohne Bewusstsein. Schließlich goss Malcom eine gehörige Portion Whiskey über den Unterschenkel. Die verbliebenen Stoffstreifen befeuchtete er mit Wasser und umwickelte die Stirn, um das Fieber zu senken.

Erschöpft ließ er sich ins Gras sinken. Mehr konnte er nicht tun. Mit zwiespältigen Gefühlen beobachtete er den Zustand des Sheriffs, wechselte noch einige Male die Umschläge und legte sich dann schlafen. Er war sich sicher, dass ihm von dem Mann in dieser Nacht keine Gefahr drohte.

Am nächsten Morgen hatte sich der Zustand des Sheriffs sichtbar gebessert. Das Fieber war gesunken, die Haut hatte wieder etwas Farbe angenommen. Der Atem ging gleichmäßig und ruhig. Eine Inspektion der Verletzung zeigte Malcom, dass die Anzeichen der Blutvergiftung zurückgegangen waren.

Ein letztes Mal desinfizierte er die Wunde mit Whiskey. Dabei schlug der Sheriff die Augen auf. Sein Blick war klar. Malcom legte schweigend einen Verband an. Er drückte die Patronen aus dem Colt seines Gegners und gab ihm die Waffe zurück.

Dann stieg er auf sein Pferd und ritt davon.

»Whisky löst keine Probleme!
Milch aber auch nicht.«

UNBEKANNT

WHISKY MACHT KLÜGER

Wenn nichts mehr hilft

Karen Grol

Die letzte Nacht hat zweifellos Energien freigesetzt. Ich lächle. In meinen kühnsten Träumen hätte ich nicht erwartet, dass bei diesem langweiligen Training eine heiße Affäre für mich herausspringen könnte. Wie sollte ich auch wissen, was für hübsche Kolleginnen die in Edinburgh bei Neill Insurance haben?

Ich fühle mich beschwingt und jung wie damals nach dem erstem Kuss. Daran kann nicht einmal der Feierabendverkehr von Ayr etwas ändern.

Warum um Himmels willen glauben Autofahrer, dass es schneller geht, wenn sie ein Hupkonzert veranstalten?

»Bringen Sie mich bloß raus nach Alloway!«, sage ich zum Taxifahrer.

Dank Rückspiegel blicke ich direkt in seine Augen. Er grinst reichlich unverschämt.

Ich genieße normalerweise die Hochstimmung nach

einem Liebesabenteuer, aber ich muss sie nicht mit jedermann teilen.

Augenblicklich friere ich mein Lächeln ein. Wenn schon ein Fremder meine Gefühlslage zu deuten weiß, dann wird es auch meiner Frau gelingen. Ohnehin scheint Kathie mich nach jeder Geschäftsreise misstrauisch zu beobachten. Eine ihrer eindrucksvollen Eifersuchtsszenen würde mir sofort die Laune verderben.

Langsam löst sich der Stau in der Station Road auf und das Taxi verlässt den Bahnhofsvorplatz.

»Jetzt geht es los, Sir.«

Der Fahrer wiegt den Kopf hin und her, als teile er tatsächlich meine Sorgen.

»Warten Sie.« Ich beuge mich nach vorn. »Ich habe es mir anders überlegt. Bringen Sie mich in die High Street! Ins *Tam O'Shanter Inn*, bitte.«

Etwas Galgenfrist sollte doch drin sein. Wenn ich jetzt vor Kathie trete und sie in den Arm nehme, als wäre nichts gewesen, verflüchtigt sich die Erinnerung an die wundervolle Nacht wie ein Whisky, der schal im Abgang ist. Nichts hilft besser dabei, zwischen Traum und Wirklichkeit eine Brücke zu schlagen, als ein gutes Glas Single Malt, sage ich immer.

Das Auto hält und ich drücke dem Fahrer eine Zehnpfundnote in die Hand. Es dämmert bereits und hinter den Sprossenfenstern des *Tam O'Shanters* leuchtet es einladend.

»Und wär ein König ich und wär die Erde mein, du wärst in meiner Krone doch der schönste Stein!«, zitiere ich.

»Von wem ist denn das?«, fragt der Taxifahrer und überreicht mir die Quittung.

»Von Burns natürlich! Robert Burns.« Ich schüttle den Kopf ob so viel Unwissenheit. »Seine Gedichte und Lieder pfeifen die Spatzen doch von den Dächern.«

»Ich bin noch nicht so lang hier, Sir.«

»Sie sollten sein Geburtshaus besichtigen und das Heritage Center!«, rufe ich und steige aus.

Auf dem Bürgersteig empfängt mich eisiger Wind. Dunkle Wolken stürmen über mich hinweg, als hätten sie eine lange Reise vor sich. In Edinburgh habe ich mich noch über die herrliche Sonne gefreut, aber jetzt bricht offensichtlich mit Macht der Herbst aus.

Ich nehme Koffer und Aktentasche aus dem Kofferraum und ziehe den Kopf ein.

Im Pub begrüßt mich Dudelsackmusik. Das Bild, das sich mir bietet, erinnert mich an längst vergangene Tage. An der Bar stehen Midge McDonald und Ryan Peach in seltener Einträchtigkeit; einen Arm jeweils um die Schultern des anderen gelegt und das Whiskyglas in der Hand.

Sie singen lauthals: »*Should auld acquaintance be forgot and never brought to mind? Should auld acquaintance be forgot and days of auld lang syne?*«

Die vier Gäste am Tisch neben der Eingangstür grinsen und werfen verstohlene Blicke auf meine Freunde. Bestimmt Touristen! Ich wette, Midge und Ryan veranstalten diese Show extra für sie, damit sie zu Hause etwas von der schottischen Hochkultur zu erzählen wissen.

Mein Gepäck stelle ich an der Garderobe ab, hänge den Mantel über Midges Dufflecoat und lasse meine Krawatte in der Hosentasche verschwinden. Mit dem Finger schnipse ich gegen den blauen Bommel der berühmten Tam-O'Shanter-Mütze. Sie hängt wie immer an ihrem Haken, als weile Tam unter uns. Diese Tradition hat Molly eingeführt, als sie den Pub übernahm. Für die Touristen, die über den legendären Trunkenbold in ihrem Reiseführer gelesen haben, hat sie erklärt. Gerade bearbeitet sie hinter der Bar Gläser mit einem Trockentuch, und ich zwinkere ihr zu.

Sie schenkt mir ein Lächeln.

Ich glaube, sie errötet ein wenig.

»Lasst uns einen ordentlichen Schluck nehmen, Jungs«, rufe ich, als Midge und Ryan bei der letzten Strophe angekommen sind, und Gelächter verschluckt den Rest der Dudelsackmusik.

»Hey, Matthew, alter Knabe, schön dich zu sehen!«

Midges große Hände bearbeiten meinen Rücken, als wollten sie ein Steak weichklopfen.

»Was treibt dich denn aufs Festland?«, frage ich. »Die Isle of Arran ist wohl zu friedlich. Brauchst mal wieder einen handfesten Kriminalfall, was?« Wir klopfen im Takt.

»So ähnlich.« Midge grinst.

»Und du, Ryan? Machst du deine Frau noch glücklich?« Ich reiche ihm die Hand.

»Lass die Finger von ihr, Freundchen, ich warne dich!« Ryans Faust trifft mich hart an der Schulter.

»Ah!« Aus Spaß verzerre ich das Gesicht und spiele den Unterlegenen.

Molly baut drei Gläser auf dem Tresen auf und nimmt einen Bruichladdich aus dem Regal. »Der wird euch versöhnen, Jungs. Sláinte!«

Der Whisky schmeckt süß und malzig, nach tropischen Früchten und einer heißen Nacht. Warm wie Samt, weich wie die Haut meiner letzten Eroberung und atemberaubend wie ihre Küsse.

»Hey, Kumpel, wo bist denn du gerade?« Ryan mustert mich aufmerksam.

Ich trinke noch einmal, bevor ich antworte: »Habe an das Training in dieser Woche denken müssen.«

»Was hast du denn trainiert?« Ryan reibt sein rechtes Ohrläppchen mit zwei Fingern.

»Eine Weiterbildung. Lebensversicherungen und so.«

Ich versuche, gelangweilt zu wirken.

Nein, Jungs, ich werde euch nichts von meinen Erlebnissen erzählen.

»Was das für eine Lebensversicherung war, kann ich mir lebhaft vorstellen. Sah sie gut aus?«

»Davon kannst du nur träumen, Ryan!« Ich lache. Mit meinen schauspielerischen Fähigkeiten ist es wohl nicht weit her. Unsere Gläser stoßen aneinander und klirren so laut, dass es mich nicht wundern würde, wenn sie zerbrächen.

Wir setzen uns an einen Tisch in der Ecke und stecken die Köpfe zusammen.

»Erzähl schon, Midge, was machst du in Ayr?«

»Ein seltsamer Fall. Ich betreibe quasi Feldforschung, hier an der Wurzel allen Übels.«

»Du machst mich neugierig!« Ryan gibt Molly ein Zeichen, die Gläser neu zu füllen.

Midge flüstert: »In Brodick treibt ein Spaßvogel sein Unwesen. Er schneidet Pferden das Schweifhaar ab und sorgt damit für großes Aufsehen!«

»Mit einem Pferdeschwanz? Verstehe ich nicht.« Ryan trinkt von seinem Whisky und hält nach Molly Ausschau, die sich gerade mit einer Flasche neben mich stellt.

»Heute ist Islay-Tag, Jungs. Wie wäre es also mit einem Lagavulin? 16 Jahre?« Sie wartet unsere Antwort gar nicht ab und gießt drei Finger breit ein, dann stemmt sie die Hände in die Hüften, während wir die Nasen ins Glas halten.

»Sláinte!«, ruft Ryan.

Ich nehme einen Schluck und kneife Molly in den Po. »Wow, der hat Power!«

»Das auch!« Mollys Ohrfeige trifft mich unvorbereitet. Es ist schlauer, die Dinge nacheinander zu tun statt gleichzeitig, sag ich immer. Mit einer Hand am Whisky und der anderen an der Frau ist Verteidigung unmöglich.

»Gut gemacht, Molly!« Midge schüttelt den Kopf. »Sei bloß vorsichtig, Matthew, dass du nicht das nächste Opfer des Pferdeschweiftäters wirst.«

»Schöne Freunde seid ihr!« Ich reibe mir die Wange; sie glüht, als hätte ein Brenneisen ganze Arbeit geleistet.

»Passt auf!« Midge grinst. »Solche wie Matthew, die die Finger nicht von den Frauen lassen können, die trifft es derzeit hart. Eine Nacht im falschen Bett und am nächsten Morgen findet sich an der heimischen Wohnungstür der Pferdeschweif. Ich kann euch sagen, in Brodicks Familien hängt der Haussegen schief. Der *Arran Banner* bringt alle neuen Fälle exklusiv. Die Journalisten fahren schon morgens in der Früh Patrouille, um ja kein neues Opfer zu verpassen.«

»Pferdeschweif? Das erinnert mich irgendwie an Burns' Geschichte von Tam O'Shanter«, sagt Ryan.

»Blödsinn«, knurre ich.

»Wohl! Du weißt doch: Nach der Kneipentour reitet Tam durch ein furchtbares Unwetter nach Alloway zurück. Unterwegs lauern ihm die Hexen auf und wollen ihm ans Leder. Tam reitet wie der Teufel und kann sich im letzten Augenblick über die alte Brücke über den Doon retten. Aber sein Pferd kostet es den Schweif.«

Midge nickt. »Darum scheint es zu gehen.«

»Und deswegen bist du jetzt in Ayr?«, fragt Ryan.

»Ja, es sieht so aus, als wäre der Täter auch hier aktiv. Oder doch die Hexen von Alloway? Das wissen wir noch nicht. Auf jeden Fall hat es jemanden erwischt, der am Abend zuvor bei Molly im Pub war.«

»Wow!« Ryan bekommt vor Aufregung ein rotes Gesicht. Wenn andere eins auf die Nase bekommen, freut es meinen guten alten Freund am meisten. Das war schon in der Schule so.

»Ja, aber Tam O'Shanter wird bestraft, weil er so viel säuft, nicht wegen Frauengeschichten«, werfe ich ein. Irgendjemand muss hier doch einen klaren Kopf behalten, wenn die zwei sich verrennen.

»Frauengeschichten hatte Tam genügend. War da nicht ein Techtelmechtel mit der Wirtin? Und stieg er nicht gern zu Frauen durchs Fenster? Entscheidend ist, dass die Angetraute zu Hause vergeblich auf den Ehemann wartet. Der Grund spielt gar keine Rolle.« Kriminalistischer Spürsinn lässt Ryan erglühen. Er hat definitiv zu viel Sherlock Holmes gelesen. Wichtigtuer!

»Das ist doch eine uralte Geschichte«, sage ich.

»Immerhin bricht wegen dieser alten Geschichte Arrans Scheidungsrate alle Rekorde.« Midge nimmt einen Schluck Lagavulin.

»Warum ermittelt denn die Kriminalpolizei überhaupt? Wegen des Diebstahls von Pferdeschweifen? Hast du das Ressort gewechselt oder gibt es inzwischen ein paar Morde im Tam-O'Shanter-Fall?« Ich winke Molly. »Bring uns einen Laphroaig!«

»Keine Toten. Merkwürdigerweise wurde nicht einmal ein Schweif als gestohlen gemeldet. Also kein Mord und auch kein Diebstahl.« Midge leert sein Glas, beugt sich über den Tisch und flüstert: »Mein Chef ist einer der Betroffenen. Ich bin sozusagen *undercover* unterwegs. Er will wissen, wem er Blamage und Ehestreit zu verdanken hat.«

»Ach, und da kommst du nach Ayr und schaust, ob es nicht ganz zufällig auch deinen Freund Matthew erwischt?«

Midge schüttelt den Kopf. »Natürlich nicht!«

Ich wünschte, ich wäre direkt nach Hause gefahren. Längst hätte ich Kathies argwöhnische Befragung hinter mir und wir säßen mit Tee, Gebäck und Whisky im Wohnzimmer. Fluffy läge auf meinem Schoß und würde wohlig schnurren.

Molly gießt Laphroaig in die Gläser. Sie schaut mich nicht mal mehr an.

»Von wegen Zufall!« Ryan grinst breit. Mit diesem albernen Ausdruck im Gesicht wirkt er noch dümmer als sonst. Er nippt kurz am Whisky und stellt das Glas ab. »Sag mal, Midge, die Frau von Tam O'Shanter, hieß die nicht auch Kathie?«

»Willst du jetzt etwa behaupten, dass Kathie da mit drin steckt? Oder wollt ihr beiden mich einfach nur auf den Arm nehmen?« Ich springe auf. Aus meiner Jacke krame ich zwei Zehnpfundnoten und knalle sie auf den Tisch.

»Meine Güte, Matthew, nun sei doch nicht so empfindlich!« Midge will mich am Ärmel halten, aber ich schüttle ihn ab.

An der Garderobe fällt mein Blick auf Tam O'Shanters Mütze. Bilde ich es mir ein, oder bewegt sich der Bommel wirklich?

Regen peitscht über den Bürgersteig, als gelte es, mich zu vertreiben. Der Wind heult, wohl um sein schweres Schicksal zu beklagen. Er zerrt an meinem Mantel und drückt mich gegen die Fassade des *Tam O'Shanters*. Ich winke einem vorbeifahrenden Taxi und kann mein Glück kaum fassen, dass es sofort hält.

»Alloway!«, presse ich heraus und verstaue mein Gepäck neben mir auf der Bank. Der Fahrer mustert mich kritisch im Rückspiegel, schweigt aber. Gut so. Ich habe kein Interesse an einem belanglosen Gespräch. Es ist ohnehin zu laut im Wagen. Der Regen prasselt auf das Dach.

Ich suche ein Taschentuch – erfolglos – und beschließe, mein nasses Gesicht und die triefenden Haare zu ignorieren.

Ayrs Straßen sind leer gefegt. Das Taxi bahnt sich einen Weg durch die Wassermassen, die Räder schießen Fontänen nach links und rechts. Ein perfekter Schutz gegen Angreifer jeder Art. Hätte Tam ein Auto gehabt statt eines Pferdes ...

Wir passieren den *Burns National Heritage Park*. Der Parkplatz vor dem Museum wirkt ausgestorben. Das Cottage, Burns' Geburtshaus, macht sich klein unter den hohen Bäumen, mit denen der Wind spielt wie mit Setzlingen. Zweige wirbeln durch die Luft. Die passende Strophe der Tam-O'Shanter-Erzählung fällt mir ein und ich deklamiere sie laut:

»*Es tobt der Wind, die Wolken treiben;*
der Regen rasselt an die Scheiben;
dann zuckt ein feuerroter Strahl,
erhellt den Himmel allzumal.
Das sieht doch wohl ein kleines Kind,
dass Hexen auf den Beinen sind.«

Große Augen schauen mich im Rückspiegel an. Meine Stimme sei reif fürs Theater, sagt Kathie immer. Des Dichters Worte scheinen beim Taxifahrer jedenfalls Eindruck gemacht zu haben. Ein rechter Angsthase ist das. So schnell lasse ich mich nicht ins Bockshorn jagen. Ein Herbststurm, sonst nichts.

Die Lichter des *Brig O'Doon*-Hotels flackern in der Dunkelheit. Bald bin ich zu Hause. Kathie wird mich empfangen und mir ein Glas Whisky reichen. Ihr Kuss schmeckt nach ...

»Ah! Passen Sie doch auf!«

Etwas knallt von unten gegen das Auto. Es schleudert mich hin und her und ich greife nach der Kopfstütze vor mir. Die Bremsen quietschen. Der Wagen schlingert auf der Fahrbahn, schließlich fängt er sich wieder.

»Ein Ast, Sir, da war plötzlich ein dicker Ast auf der Straße.« Die Stimme des Mannes zittert.

»Sicher? Keine Hexe?« Ich schüttle den Kopf. »Halten Sie da vorne am Hotel.«

Mit diesem Menschen fahre ich keine Viertelmeile mehr! Ich werfe ihm meinen letzten Zehnpfundschein auf den Beifahrersitz und zerre Koffer und Tasche auf die Straße. Sofort bin ich durchnässt.

Der Sturm treibt mich geradewegs auf die alte Kirche zu. Der Wind heult fürchterlich. Ein Blitz zerschneidet die Dunkelheit und die Kirche ist für einen Moment taghell erleuchtet. War das nicht ein Pferd dort zwischen den Gräbern? Erst jetzt spüre ich die Kälte. Ich zittere und plötzlich donnert es, als würde der Teufel persönlich einen mächtigen Hammer gegen die Kirchenglocke schwingen. Wie hieß die alte Hexe in Tam O'Shanters Geschichte? Grannie? Verdammt, warum bin ich nicht gleich nach Hause gefahren? Was wollte ich nur in diesem Pub?

Etwas versetzt mir einen Schlag in den Rücken und wirft mich nach vorn. Das war Grannies Besen! Erneut trifft er mich, diesmal am Hinterkopf. Verdammt!

Kastanien prasseln auf die Straße wie Knallfrösche zu Silvester. Die Aktentasche bietet keinen ausreichenden Schutz. Schuhe und Strümpfe sind patschnass.

Nie wieder!

Ich verspreche es, Kathie! Ich liebe dich doch!

Entschlossen kehre ich der Kirche den Rücken und laufe die Straße hinunter.

Nein, hinter mir klappern keine Pferdehufe, es ist der Koffer, der über das Kopfsteinpflaster rumpelt. Aber wer hockt dort oben auf Burns' Denkmal? Eine Hexe mit einem Besen? Was geht hier bloß vor? Weder meinen Ohren noch meinen Augen kann ich trauen.

Unser Haus liegt im Dunkeln. Kein Licht dringt durch die Fensterläden. Ist Kathie nicht da? Das Gartentor quietscht, als ich es öffne. Etwas hängt dort an der Tür. Ich bleibe stehen. Wasser läuft mein Gesicht hinunter.

Ein Pferdeschweif!?

Wenn ich es schaffe, ihn zu entfernen, bevor ihn jemand sieht, bevor Kathie ihn sieht, dann wäre doch alles in Butter, oder?

Langsam nähere ich mich dem Haus. Den Regen spüre ich nicht mehr. Das Pfeifen des Windes ist ewige Mahnung. Nie wieder, ich verspreche es! Ich trete unter das Vordach. Meine Hände tasten nach dem Beweis meiner Untreue. Fühlen sich Pferdehaare so spröde an? Die Tür knarrt und das Flurlicht blendet mich.

»Matthew, da bist du ja endlich! Ich habe mir solche Sorgen gemacht.« Kathies Arme umschlingen meinen Hals.

Mein Blick fällt auf den Früchtekranz an der Haustür. Ein Bündel Gerste weht daran wie der Schweif eines Pferdes. *Herzlich willkommen daheim*, steht in Kreide auf einer Schieferplatte.

Kathie mustert mich kritisch. »Was ist?«

»Ist das neu?« Ich zeige auf den Türschmuck.

»Nein.« Sie lächelt spöttisch und zieht mich ins Haus.

Eine halbe Stunde später betrete ich frisch geduscht und im Trainingsanzug das Wohnzimmer. Fluffy streicht maulend um meine Beine, als beklage sie sich über meine späte Heimkehr.

Ich warte auf das Kreuzverhör.

Sanft berühren mich Kathies Lippen. »Schön, dass du wieder da bist.«

Ich ziehe sie an mich. »Ich bin auch froh, Schatz. Du ahnst gar nicht, wie sehr.«

Ihre Augen strahlen. Sie drückt mich in einen Sessel und reicht mir ein Glas Scotch.

»Midge hat eben angerufen. Du sollst dir keine Gedanken wegen des Pferdeschweiftäters mehr machen. Weißt du, was das zu bedeuten hat?«

Fieberhaft suche ich nach der richtigen Antwort. Schließlich schüttle ich den Kopf.

»Midge sagte, er sei nach Islay weitergezogen. Dort gäbe es mehr zu tun für ihn als in Ayr. Hier leben nur glückliche Paare.«

Ich setze das Glas an den Mund. Langsam lasse ich den Whisky über die Zunge laufen. Er schmeckt nach rauer See, salzig und ölig. Ich spüre ihm nach. Es braucht Zeit, sich mit einem Laphroaig anzufreunden, denn er ist tiefgründig und geheimnisvoll – wie das Leben, und er beruhigt – wie Medizin. Wenn nichts mehr hilft, dann hilft Laphroaig.

Oder dieses verdammte Schlitzohr Midge.

Ich grinse.

Es dauert allerdings etwas, bis man ihn versteht.

Chandlers Hirnspülung

Michael Höfler

Chandler drückte seinen müdegerittenen Hintern auf den Barhocker; die Flügeltüren am Eingang schwangen immer noch, ihre Scharniere ächzten von dem Schwung, mit dem er sie aufgestoßen hatte. Er stemmte seine mächtigen Ellbogen auf das dunkle Holz des Tresens, beugte sich vor, räusperte sich und lüpfte mit Zeigefinger und Daumen den Hut um kaum zwei Zentimeter.

Der Barmann fragte: »Whiskey? Doppelt?«

Chandler nickte zweimal bestimmt.

Ein paar Meter neben ihm saß ein Mann, ähnlich cool wie er, den Hut fast bis zur Nase heruntergezogen, nur starrte der Typ apathisch auf sein Glas. Unter der Weste zeichneten sich kräftige Schultern ab, doch der Hals schien Chandler seltsam lang und zart.

»Bourbon aus Virginia«, erklärte der Barmann, als er ihm das massive Glas hinstellte.

»20 Jahre gereift, aus bestem Südstaaten-Korn.«

Der Whiskey mochte nach geröstetem Roggenbrot, Holzkohle oder Ähnlichem riechen, vor allem aber roch er scharf. Chandler war schnurz und piepe, welchen Kornbrand er in seinen Hals schüttete. Hauptsache er benetzte seine Kehle und spülte ihm ordentlich das Hirn durch. Das Feuerwasser hatte ihm schon manch zündende Einsicht geliefert.

Langsam blickte er sich um: Hirsch- und Büffelköpfe schauten gelangweilt von den Wänden, und eine üppige Blonde bearbeitete das Klavier in der Ecke mit einem rhythmusbetonten *Oh! Susanna*. Daneben zockten zwei derbe Gestalten.

So ähnlich wie der, der ihm den Rücken zukehrte, musste Wild Bill Hickok vor zwei Jahren dagehockt haben, hier im Saloon Nr. 10 in Deadwood, als ihn McCalls 45-Kaliber-Blei hinterrücks durchlöchert hatte. Jack McCall, sonst ein glattes Kerbholz, hatte Chandler immerhin 500 Dollar eingebracht.

Nun lockte glatt das Zehnfache, nur tappte er völlig im Dunkeln, wen er überhaupt jagte. Er kramte nochmals den Steckbrief hervor, den er unter dem Hemd trug:

Wanted!! Dead or Alive!
Jack Danielson
Überfiel u.a. die Postkutsche von Sacramento und
die Bank von Carson City, erschoss 8 Menschen,

darunter Marshall James Carpenter. Alle ermordet
mit einer Smith & Wesson New Russian.
$5000 Reward.

Die Sache mit der Bank war gerade drei Wochen her. Allerdings zeigte das Bild in der Mitte mehr Hut als Gesicht; das konnte praktisch jeder sein. Chandler schüttelte den Kopf, rollte das Papier zusammen, schob es zurück unters Hemd und sagte zum Barmann: »Stell mir noch ein doppeltes Feuerwasser hin!«

Der andere Kerl am Tresen kam ihm komisch vor, saß immer noch da wie in Stein gemeißelt. Als Chandler den Whiskey runtergekippt hatte, rief er zu ihm hinüber: »Hey du! Schon mal was von Jack Danielson gehört?«

Jetzt drehte der Kerl den Kopf halb in seine Richtung. Das heißt, er drehte den Hut, unter dem Chandler nur Nase, Mund und Präriestaub sah. Am Ende war es Danielson selber? Der Typ schob die Hände langsam in die Taschen seiner Wildlederhose. Chandler hielt seine Rechte in Hüfthöhe und spreizte die Finger. Er war bereit, in jedem Sekundenbruchteil die Shooting Iron zu ziehen, dem Typen das Herz aus der Brust zu blasen und sich die 5000 Mäuse zu sichern.

Doch aus dem schmutzigen Gesicht blitzte ein Lächeln auf, eine seltsame Mischung aus verschmitzt und abgebrüht. Der Typ griff an seinen Hut, antwortete mit rauchiger, aber eigenartig heller Stimme: »Jeder hier hat von ihm gehört.« Bedächtig nahm er den Hut vom Kopf. Lange schwarze Haare fielen auf die Weste hinunter. Chandler saß neben einer Frau!

»Und was hört man hier so von ihm?«, fragte Chandler scheinbar beiläufig; sie sollte nicht merken, wie überrascht er war.

»Wenn du mich unter den Tisch trinkst, bringe ich dich zu ihm.« Sie blickte auf seine Shooting Iron. »Falls ich gewinne, gehört mir dein Colt!«

Sie hatte hellgrüne Augen und einen schönen runden Mund. Wenn sie ihr Gesicht mal waschen würde, müsste sie richtig hübsch sein. Er sollte das Schießeisen ziehen und ihr damit das schöne Prahlmaul stopfen! Aber Chandler war ein Gentleman. Er lächelte müde, sagte »Okay, Süße!« und nickte dem Barmann zu.

Sie kippten die Gläser. Chandler schätzte ihr Schluckvermögen auf fünf Doppelte. Maximal.

»Was machst du beruflich?«, wollte Chandler nach der dritten Runde wissen.

»Bin Geschäftsfrau«, sagte sie kühl, während ein herber Rülpser aus Chandlers Kehle kroch.

Noch zwei Drinks und er würde ihren Schopf in den Wassertrog vor dem Saloon tauchen. Seine Shooting Iron würde sie zum Singen bringen. Falls sie überhaupt etwas wusste. Wenigstens würde er nach dem Gesichtsbad sehen, wie hübsch sie wirklich war.

»Was für Geschäfte?«, fragte er nach Runde fünf.

»Mir egal. Hauptsache einträglich«, lautete ihre lapidare Auskunft.

Nach dem zehnten Doppelten rülpste Chandler wie ein alter Gaul.

Diesmal fragte die Frau; sie klang immer noch seltsam nüchtern: »Was machst du denn beruflich?«

»Man nennt mich Kopfgeldjäger«, wollte Chandler sagen, wie er es sonst tat. Aber es reichte nur noch für: »Ich jage Köpfe.«

Die Banditen fürchteten seine Shooting Iron mehr als den Strick. Wenn sich herumgesprochen hatte, dass er einem auf der Spur war, wanderte mancher freiwillig ins Kittchen, nachdem er Revolver und Patronengurt brav beim Marshall abgeliefert hatte.

Was die Frau antwortete, hörte sich an wie: »Da hast du ja viel mit Menschen zu tun.«

Als Chandler seinen Kopf vom Tresen hob, brummte sein Schädel wie der Dampfkessel einer 119er-Lok, und die Glieder waren schwer wie die eines kapitalen Bisonbullen. Seine Hand glitt instinktiv zum Halfter an seiner Hüfte.

Das Schießeisen war weg!

Dafür lugte der Steckbrief aus seinem Hemd heraus. Er nahm ihn, rollte ihn auf. Jemand hatte draufgeschrieben:

Nach Runde 13 warst du k.o., mein Süßer. Die Zeche habe ich übernommen. Aus dem Erlös des Überfalls von Carson City, versteht sich. Ich wusste, dass du kommen würdest. Auf dem nächsten Steckbrief wird Shooting Iron statt Smith & Wesson stehen. Verfolge mich nicht, es sei denn, du willst das Buschgras von unten sehen.

Jaqueline Danielson

P.S.: Beim nächsten Wetttrinken solltest du deinen Magen vorher mit Büffelfett auskleiden.

Wieder einmal hatte der Whiskey Chandler eine wichtige Einsicht geliefert.

Whiskey in the Jar

Thomas Hocke & Armena Kühne

1 Regen peitschte über hohe Klippen und verschmolz mit der Brandung. Der Wind presste sich gegen das Land und trieb Rinnsale die Felsen hinauf. Selbst in Killismock, wo man raue Zeiten gewöhnt war, blieben alle neunundfünfzig Einwohner in den Stuben.

Alle Einwohner? Nein. Drei von ihnen hatten sich für jene Nacht verabredet, und Verabredungen galten als Ehrensache in Killismock.

Sean Kildare kam als Erster über den Klippenweg und der Wind blies durch seine roten Haare. Wenig später stellte sich Aidan O'Reilly ein, die Hände in den Taschen der Lederjacke. Minuten verstrichen, dann bewegte sich eine mächtige Gestalt auf das Kliff zu – Conor Kennedy. Sean knipste die Taschenlampe an. Zu dritt kletterten sie einen Steilpfad hinab und verschwanden in einer Höhle.

»Es ist beinahe alles da, was wir brauchen, Freunde.«

»Hol's der Teufel!«, stieß Aidan aus, fuhr durch seinen dunklen Schopf und die blauen Augen blitzten.

»Wer lässt so was hier liegen?«, fragte Conor.

»Jemand, der tot ist, schätz ich. Konnt's aus irgend 'nem Grund nicht abholen«, mutmaßte Aidan.

»Ich sage euch, wer es war«, tönte Seans Stimme durch die Höhle. »Es war das Schicksal selbst. Es wollte unserer Not ein Ende setzen.«

»Ich glaub nicht ans Überirdische«, warf Conor ein.

»Drum hast du die Emma genommen«, sagte Aidan grinsend.

»Freunde, ich sage euch, diese alten Eichenfässer sind ideal!«, rief Sean. »Es wurde Rotwein darin gelagert.«

»Ein Fermenter ist auch da«, murmelte Conor.

»Darin könnt man's gären lassen«, stimmte Aidan zu.

»Aber keine Brennblase – und die ist ja nicht unwichtig«, gab Conor zu bedenken.

»Tom O'Shea hatte mal so 'n Ding. Als er Siobhan Mulroney geheiratet hat, musst er's verkaufen, sonst wär sie nich' bei ihm eingezogen«, erinnerte sich Aidan.

»Ich weiß, wo das Gerät jetzt steht«, sagte Sean, während der Wind im Höhleneingang heulte, als wollte er sich zur Sachlage äußern.

Die beiden anderen blickten Sean fragend an.

»In Ennistymon.«

»'ne Weltreise. Fällt meiner Emma auf, wenn wir da hinfahren. Und die erzählt's Pfarrer Brown.«

»Sag ihr, du musst ein Teil für den Pflug besorgen«, schlug Aidan vor.

Sean schritt zum Eingang und rief in den Wind: »Harry Brown, hörst du mich? Wir werden es tun! Egal, was du einwendest!« Er stieß ein kräftiges Lachen aus und fuhr etwas leiser fort: »Ich bin ein guter Christ, dennoch sage ich euch: Der Pfarrer hat unrecht.«

»Denken wir auch, sonst wär'n wir nicht hier«, meinte Conor.

»Wenn deine Emma davon wüsst', käm sie dir mit dem Feuerhaken!«, witzelte Aidan und dachte an Ava, die ihn als einziges der Mädchen von Killismock nicht umschwärmte.

»Und dein Vater, Aidan? Wenn du dich mit der Brennerei abgibst, anstatt mit ihm zu fischen?«, entgegnete Conor.

»Freunde, auf nach Ennistymon. Gleich morgen!«

»Morgen Abend ist Bibelstunde.«

»Und Emma tät dich nicht mehr unter die Decke lassen, wenn du da fehlen würd'st.« Aidan lachte und fuhr fort: »Vielleicht besser, sonst hast du bald wieder 'n Mäulchen mehr zu stopfen.«

Conor trat mit erhobener Faust auf Aidan zu, der geschickt auswich.

»Freunde – übermorgen also!«

2 Dunkle Wolkenfelder jagten über den Himmel, und Steine, die der Wind aus den Felsen fegte, landeten in Conor Kennedys Gerstenfeld.

Auf dem Klippenweg ging ein Mann, als sei er allein auf der Welt.

»Oh Herr, was haben wir getan, dass du uns unerbittlich Tag für Tag und Nacht für Nacht Sturm, Hagel und Regen sendest? Die Ernte ist in Gefahr!«

Seit dem Tag, an dem Harry Brown um Erleuchtung gebeten hatte, wo im Land seine Seelenhilfe am meisten gebraucht werden könnte, hatte er die große Stimme nicht mehr vernommen. Er war nach Killismock gegangen, hatte die morschen Holzbänke der kleinen Felsenkirche renoviert und schwang jeden Sonntag eigenhändig die Glocke.

Nun stand er auf den Felsen – und sah ein Licht. Die Scheune am Rande der Felder von Conor Kennedy, die seit Jahren leer gewesen war, schien zum Leben erwacht. Pfarrer Brown wurde an jener Schnur gezogen, die ohne Umwege zur Erkenntnis führt.

Er stellte sich auf die Zehenspitzen und spähte durchs Fenster. Seine Augen weiteten sich. Er rutschte aus, landete auf seinem Hinterteil und richtete den Blick aufwärts:

»Oh Herr, nun verstehe ich!«

In diesem Moment schoss ein Blitz herab und verfehlte nur knapp das alte Gemäuer. Der Donner rollte und Pfarrer Brown eilte, so schnell seine Füße ihn trugen, in die Felsenkirche.

Dort fiel er vor dem Altar auf die Knie und lauschte in die Stille.

3 »... so ist das Land fruchtbar, aber der Regen nässt unaufhörlich die Felder und droht die Ernte zu verderben! Doch warum, ja, warum lässt der Herr nicht die Sonne scheinen und die Felder unter dem hohen, wolkenlosen Himmel gelb leuchten und nimmt den Menschen ihre Sorgen?«

»Warum, ja, warum?«, flüsterten einige von jenen, die zusammengedrängt auf den Bänken der Kirche von Killismock saßen.

»Warum müssen die braven Bauern Angst um die Früchte ihrer Arbeit haben?«, fragte Pfarrer Brown.

»Ja, warum?«, raunte Emma Kennedy ihrer Banknachbarin Siobhan O'Shea zu.

»Ist es möglich, dass der Herr uns zürnt?«, donnerte Pfarrer Brown und hob den Kopf.

»Ist's möglich, ist's möglich?«, flüsterten die Frauen auf den Bänken.

»Warum aber sollte er das tun?«, rief der Pfarrer.

»Ja, warum?«

Aidan O'Reilly grinste und knuffte seinen Banknachbarn Sean Kildare in die Seite. Conor Kennedy hingegen folgte dem Blick des Pfarrers.

»Kinder des Herrn, ich habe einen Verdacht. Ja, einen Verdacht!«, dröhnte der Pfarrer und sein Gesicht lief rot an.

Der Verdacht raunte durch die Reihen der Frauen und kehrte zurück und wollte in die Reihen der Männer auf der anderen Seite des Kirchenschiffs kriechen. Aber dort trocknete der Verdacht aus, was angesichts der trockenen Kehlen nicht verwunderlich war.

»Es kam über mich wie ein Blitz, als ich gestern meinen Abendspaziergang auf den Felsen machte!«, sagte Pfarrer Brown in bedeutungsvollem Ton.

Ein Wispern ging durch die Kirche.

»Der Herr führte mich geradewegs zur Scheune unseres lieben Bruders Conor Kennedy!«

Drei Augenpaare trafen sich zu einer Krisensitzung und der mächtige Conor wurde klein auf der Holzbank.

»Ja, da sah ich etwas und ich verstand! Und ich glaube, einige von uns verstehen auch!«

Sogar Sean Kildare duckte sich ein wenig zur Seite. Von links des Gangs wanderten skeptische Blicke zu den Männern herüber, und das Kirchenschiff wurde zu einem Boot, in dem das Volk von Killismock um seinen Seelenfrieden ruderte.

»Kinder Gottes! Ihr wisst wohl, der Alkohol ist aller Laster Anfang! Während dort das Glück Einzug hält, wo die Menschen dem Herrn gefällig sind, verlassen die

Abtrünnigen unser geliebtes Land, sie gehen über den großen Teich ...«

»... und dort machen sie Brennereien auf«, flüsterte Aidan seinem Nachbarn Sean zu, doch die Farbe wich dabei aus seinem Gesicht. Würde Pfarrer Brown ihn beim Namen nennen? Aidan musterte seinen Vater, der nicht weit entfernt saß. Was würde Ava sagen, die als Einzige den Kopf aufrecht hielt? Von Conor war kaum noch etwas zu sehen.

Pfarrer Brown beendete den Gottesdienst mit einem Segen, das Volk strömte aus der Kirche – am Schluss die drei Freunde. Sie vermieden es, dem Pfarrer in die Augen zu schauen.

Sean schlenderte zu seinem Haus und stellte eine Flasche Pure Pot Still auf den Tisch. Er roch den Duft von Beeren und knorriger Eiche, und seine Finger flogen über die Tasten der alten Schreibmaschine, als sei der Teufel hineingefahren.

Aidan schritt neben seinem Vater, hatte kein Lächeln für die Mädchen des Dorfes. Hoffentlich kocht die Sache nicht hoch wie eine zu rasch befeuerte Brennblase, dachte er.

Wiederum anders erging es Conor Kennedy, als er seiner Frau Emma ins Haus gefolgt war.

»Conor Kennedy, ich frage dich: Was geht in unserer Scheune vor?«

»Liebste ...«

»Lüg mich nicht an, ich warne dich!«

»Aber ich ...«

»Conor Kennedy, ich schwöre dir, ich verlasse dieses Haus in einer Sekunde und schaue selbst nach!«

Und so erzählte Conor mit gesenktem Haupt, was sich in der Scheune seit einiger Zeit abspielte.

»Und du hast mir erzählt, du musst ein Ersatzteil besorgen!«

»Liebste ...«

»Und du musst zu den Schafen!«

»Liebste ...«

»Und zu den Hühnern! Und all dies mit dem Tunichtgut Sean Kildare, der von frei erfundenen Geschichten lebt – so sagt es jedenfalls Siobhan O'Shea! Pah! Lumpen seid ihr!«

»Aber ...«

»Und natürlich ist auch Aidan O'Reilly dabei, der den Mädchen den Kopf verdreht, so dass sie nicht nach anständigen Burschen wie unserem Liam schauen! Oh, das ist zu viel!«

Krachend fiel die Tür ins Schloss und Conor sah, wie Emma am Fenster vorbeieilte, in Richtung des Hauses, in dem Siobhan und Tom O'Shea wohnten.

4 »Jetzt haben wir's! Jetzt stimmt auch der Mittellauf. Riecht den Duft! Genießt das Aroma! Und zieht keine Mienen wie drei Tage Regenwetter!«

»Schließlich regnet's seit drei Tagen«, sagte Aidan und trank von der Probe, die Sean ihm reichte. Seine Gesichtszüge erhellten sich, denn er erkannte die Beeren des reifen Sommers und jenes Strauches, der an den Mauern seines Elternhauses emporwuchs.

»Schmeckt nach Meersalz«, befand Conor.

»Ja«, bestätigte Aidan und verschwieg die süßen Früchte.

»Der Whiskey wird sein wie unser Land, rau und stark!«

»Wenn nur die Emma ...«

»Ich weiß, Freund Conor. Auf deinem Feld steht diese Scheune, der Stein des Anstoßes.«

»Gestern ist sie ausgezogen, zu Siobhan O'Shea. Die Kinder hat sie mitgenommen.«

»Wenn du alleine bist, heitern wir dich heute Abend auf.«

»Tom wartet auf mich. Wir wollen ein Stew machen.«

»Wieso kocht Siobhan nicht für ihn?«

»Sie hat ihn rausgeworfen.«

»Nur, weil er für uns den Whiskey probiert? Er schmeckt halt Sachen, die andere nich' bemerken«, sagte Aidan.

»Hol sie alle der Teufel! Welch eine Geschichte!«, rief Sean.

»Sonst alles klar? Mein Dad redet kein Wort mehr

mit mir und Ava ist kalt wie 'n toter Fisch«, klagte Aidan.

»Pfarrer Brown trägt die Schuld«, antwortete Sean ruhig.

»Vielleicht hat er recht. Bei uns gibt's viele Kinder«, warf Conor nachdenklich ein.

»Was hat das damit zu tun?«

»Kein Pub. Nichts, wo man sich ablenken könnt.«

»Die meisten Menschen in unserem Land verdanken ihre Existenz einer Flasche Whiskey in einer Samstagnacht, vergesst das nicht!«, antwortete Sean.

»Du könntest in einem Rednerwettstreit gegen Pfarrer Brown antreten, Sean Kildare«, befand Conor.

»Ich erhalte meine Inspiration nur aus einer Flasche Pure Pot – und nicht direkt vom Herrn im Himmel. Das wäre ein ungerechter Wettstreit.«

Sean beschäftigte sich wieder mit der Einstellung der Brennblase. Dann richtete er sich auf, legte nachdenklich einen Finger an die Lippen und schaute durchs Fenster, wo graue Wolken übers grüne Land und das aufgebrachte Meer jagten.

»Was ist?«, fragte Aidan. »Hast du eine Idee?«

»Vielleicht. Für den Fall, dass wir nicht anders vorankommen.«

5 Der Wind schien gnädiger gestimmt, als die drei Männer den Feldweg entlangeilten und vor der

Pfarrei stehen blieben. Sie klopften einmal. Ein zweites und ein drittes Mal. Endlich wurde ihnen geöffnet. Zerzaust und mit den Händen in den Hosentaschen sahen sie Pfarrer Brown an, der die Arme vor der Brust verschränkt hielt. Conor brach das Schweigen.

»Hochwürden, meine Frau hat mich verlassen.«

»Ich werd die Ava nie kriegen!«, stieß Aidan hervor.

»Die Männer wohnen jetzt zusammen und die Frauen woanders. Das kann der Herr nicht wollen«, sagte Sean.

»Woher willst gerade du wissen, was dem Herrn gefällig ist, Sean Kildare? Nein, ich werde nicht dem Laster das Wort reden. Seid ihr gekommen, um das von mir zu verlangen?«

»Aber ...«, versuchte Conor einen Einwand.

»Geht in Frieden – ihr wisst, was ihr zu tun habt, damit der Frieden euch findet.«

Sie schlugen ihre Kragen hoch und stapften davon. Unvermittelt wurde Aidan am Kopf getroffen. Er hob den Gegenstand auf. »Ein Stein.« Ein Haarschopf verschwand um die Hausecke. Aidan betrachtete das Blut auf seiner Hand.

»Manche denken tatsächlich, wir sind schuld daran, dass es ständig regnet und stürmt«, merkte Conor an.

»Ist es noch unsere gemeinsame Sache oder nicht?«

»Verdammt.«

»Lange halten wir's nicht mehr durch.«

»Dann müssen wir handeln, Freunde!«

6 Dunkelheit lag über Killismock und ein Sturm tobte, der die Bäume bog und das verbliebene Korn zu Boden drückte. Auch um die Mauern der kleinen Kirche aus gebrochenem Stein heulte der Wind, während Pfarrer Harry Brown vor dem Altar kniete und ein Kreuz schlug. Er blickte auf die Christusfigur.

»Oh Herr, ich weiß, du antwortest mir schon lange nicht mehr! Aber so geht's nicht weiter. Dieses Dorf muss untergehen, wenn einige sich nur noch mit der Herstellung von Whiskey beschäftigen und das Wetter die Ernte verdirbt. Was sollen wir tun, um deinen Zorn von uns zu nehmen?«

Seufzend stand Pfarrer Brown auf und bekreuzigte sich noch einmal. Er hatte dem Altar bereits den Rücken zugewandt, da geschah etwas.

»Harry Brown.«

Mit Entsetzen wandte sich der Pfarrer um und starrte auf die Figur hinter dem Altar.

»Gütiger Himmel«, entfuhr es ihm.

»Harry Brown!«

»Ja, oh Herr! Endlich!«

»Du beschwerst dich?«

»Womit haben wir das verdient, oh Herr?«

»Ich hörte dich sagen, du hättest einen Verdacht.«

Harry schwieg.

»Nun, wie lautet er, Harry Brown ?«

»Alkohol ist Sünde !«

»Ist er das ?«

»Biete dem Engel, der deine Seele heimwärts trägt, keinen Whiskey an, er könnte den Weg zum Himmel verfehlen!«

»Schön hergesagt, das banale Sprichwort. Aber wie steht es mit dir, mein Sohn?«

Harry Browns Gesicht verlor die Farbe. Er sieht alles. Er sieht wirklich alles, dachte der Pfarrer.

»Herr, diese armen Seelen im Dorf ...!«

»Ja?«

»Nun – sie haben nicht meine Disziplin zur Mäßigung.«

»Und sie haben keine Freude, weil du ihnen nicht einen kleinen Schluck gönnst. Und du hast die Gefühle der braven Frauen missbraucht, indem du ihre Männer als zügellose Brut darstellst.«

»Habe – habe ich das?«

»Du weißt, was du zu tun hast, Harry Brown.«

»Weiß ich das ... Herr?«

Hinter dem Altar blieb es still. Harry Brown blickte um sich. Niemand erschien. Der Pfarrer wankte aus der Kirche, rannte in die Pfarrei, stolperte hinab in den Keller und öffnete eine Flasche Redbreast. Er schenkte etwas von dem 12-Jährigen in ein Glas, hielt die Nase daran, atmete ferne Vanilletage und den Sherry der

Studienzeit – und leerte es in einem Zug. Einen Augenblick rang er mit dem Gedanken, den Rest des guten Tropfens in den Abfluss zu schütten.

»Verschwendung«, entfuhr es ihm und er goss erneut sein Glas voll.

Als der Morgen heraufzog und inmitten dahinfliegender Wolken die Sonne über Killismock lächelte, befand sich Pfarrer Brown im Keller auf einer Bank – und schnarchte. So entdeckte ihn Sean Kildare, der noch einmal gekommen war, um das Blatt durch eine Aussprache zu wenden. Er beließ es bei diesem Fund.

7 »… so ist das Land fruchtbar und der Regen ist gegangen, so dass der Seewind die Felder trocknen kann. Endlich lässt der Herr die Sonne wieder scheinen über unserem geliebten Killismock! Die Ernte ist gerettet.«

»Warum, warum hatte der Herr Einsehen mit uns?«, rief eine Frauenstimme.

»Ja, warum?«, flüsterten die Männer auf der anderen Seite.

»Vielleicht … hat der Herr erkannt, dass es gut ist«, sagte Pfarrer Brown mit verblüffend dezenter Stimme.

»Was ist gut, was?«

»Mag sein, dass es dem Herrn nichts ausmacht, dass sich einige unserer jungen Männer mit einer Sache beschäftigen, welche Genuss und unserem geliebten Killismock eines Tages den Wohlstand bringen wird.« Und meinem Klingelbeutel auch, dachte der Pfarrer. Aidan O'Reilly grinste und knuffte seinen Banknachbarn Sean Kildare in die Seite. Der grinste ebenfalls.

»Es ist gut, es ist gut!«, wisperte es durch die Reihen. Conor Kennedy richtete sich in der Bank auf und überragte alle anderen.

»Ja, Kinder Gottes, gestern sprach der Herr zu mir!«

Ein Raunen ging durch die Kirche. Nur drei Männer waren still. Sie hatten in der Nacht genug geredet. Von der linken Seite schauten alle Augenpaare zur rechten Seite des Kirchenschiffs, das ein Boot war, in dem nun alle in eine Richtung ruderten.

8 Die Sonne strahlte über ganz Killismock, der Wind war beinahe verschwunden, die Tische bereits fürs Erntefest gedeckt und die Männer und Frauen feierten beim Tap Dance die Wiedervereinigung der Familien. Der alte Dubliner fiedelte *Whiskey in the Jar*, und Conor Kennedy wirbelte seine Emma herum. Sie lachten sich an, wie frisch Verliebte es tun. Auf einer Bank saßen jene Männer, die nicht tanzten. Pfarrer Brown und Sean Kildare gehörten dazu.

»Wo mag diese Spende von einem halben Dutzend Flaschen gutem Redbreast herkommen? Woher nur?«, fragte Letzterer und blickte dem Priester in die Augen.

»Das weiß allein der Herr.«

»Vielleicht hat er gedacht, unser Whiskey wird noch seine Zeit brauchen, bis er gereift ist. Bis dahin könnte hin und wieder eine himmlische Spende eintreffen. So wird auch niemand auf den Verdacht kommen, dass sich im Keller einer gewissen Pfarrei neulich etwas Sonderbares zugetragen hat.«

Der Pfarrer wurde rot im Gesicht.

»Man soll den Stimmen Beachtung schenken«, brachte er dann aber hervor.

Lachend stand Sean auf, zündete seine Pfeife an und lehnte sich an eine Mauer, um den anderen zuzuschauen.

Der dritte Mann, der sich abseits hielt, war Aidan O'Reilly. Düster starrte er vor sich hin. Mit einem Schwung setzte sich jemand auf seinen Schoß.

»Tanzt du nicht?«

»Du weißt, warum ich's nicht tu'.«

Mit einer raschen Bewegung, so rasch, dass Aidan nicht wusste, wie ihm geschah, beugte Ava sich vor und küsste ihn. Dann strich sie ihr Haar zurück.

»Wann fragst du mich endlich, Aidan O'Reilly?«

»Das wollt' ich nicht, nicht als Fischersohn ohne Penny in der Tasche.«

»Und jetzt?«

»Mir gehört ein Drittel von der Destillerie, die wird was abwerfen.«

»Dann wirst du also ein hochprozentiger Esel sein, Aidan O'Reilly.«

Sean Kildare löste sich von der Mauer und wanderte in Richtung des kleinen Hauses auf den Klippen. Dort wartete ein Glas Whiskey auf ihn. Und eine Geschichte, die erfunden sein mochte oder auch nicht. Er hob das Glas, blickte in die goldbraun glänzende Flüssigkeit und dann auf die silbern glänzende See. Eine Minute später ließ er die Typen der alten Remington aufs Papier trommeln, als gelte es, einen Preis zu gewinnen.

A Trip Beyond

Arno Endler

Nichts vermochte mich mehr zu überraschen in jener Nacht. Meine Füße schmerzten nach dem meilenlangen Marsch durch die Dunkelheit der nebelverhangenen schottischen Highlands. Der Mietwagen verrottete in irgendeinem Graben einer Single-Traffic-Road. Ihn zierte noch die Delle in der Fahrertür, die er meinem rechten Fuß verdankte. Ich nahm an, dass ich mir den Zeh gebrochen hatte, aber in dem allumfassenden Schmerz schien er nur eine unter vielen Unannehmlichkeiten.

Vor einer Stunde waren mir die Flüche ausgegangen. Daher sparte ich mir eine Äußerung, als ich das Licht bemerkte. Zuerst nur ein Fleck im Nebel, dann doch deutlich konturiert.

Wie schon erwähnt, überraschte mich nichts mehr. Nicht einmal der Umstand, dass es eine Fackel war, die das Wappenschild des Hauses beleuchtete, welches sich einsam und verlassen in die Dunkelheit duckte. Wie groß das Gebäude tatsächlich war, verbarg der Nebel wirksam. Nur die Eingangstür in der bröckelnden Fassade wurde erhellt und das Schild direkt über der hölzernen Tür. *Ye olde trip beyond* las ich im Licht der flackernden Flamme.

Ein Pub. Mitten im Nichts.

In the middle of nowhere.

Ich spürte meine trockene Kehle, drückte die Klinke und trat ein.

Ein beißender und dennoch nicht unangenehmer Geruch kroch in meine Nase und setzte sich fest. Für einen Moment tränten meine Augen, bis schließlich ein warmes Licht sie tröstete.

Der Gastraum war winzig.

Rechts und links der Eingangstür jeweils zwei Meter bis zu den bildverhangenen Wänden, deren untere Hälften holzvertäfelt waren. Die Ölgemälde darüber zeigten Jagd- und Landschaftsszenen. Beinahe verloren wirkten die niedrigen Tische. Dunkles, fast schwarzes Holz mit Rändern von all den Jahren, in denen Gäste feuchte Gläser darauf abgestellt hatten. Die vier Hocker mit purpurfarbenem Stoff bezogen.

Nur zwei Schritte vor mir die Bar. Dahinter ein Kamin, in dem ein Feuer brannte. Seine Hitze traf mich mitten ins Gesicht.

Ich fragte mich, wie sehr der Wirt hinter der Theke schwitzen musste. Aber die Gestalt im weißen Hemd auf der anderen Seite des Tresens schwitzte nicht.

»Fremder?«

Halb geknurrt, halb gefragt, halb gespuckt.

Ich war der einzige Gast, dennoch musterte er mich mit dem Argwohn eines Mannes, der im nächsten Moment die Schrotflinte ergreifen und mir eine Ladung in den Wanst ballern würde.

»Guten Abend«, grüßte ich.

Der Wirt putzte ein Glas, sein kantiges, faltiges Gesicht ragte nur knapp über den brusthohen Tresen. Ein dünner Streifen angegrauter Stoppelhaare umlief den winzigen Schädel wie ein Lorbeerkranz.

»Ich bin froh, in dieser Einöde eine lebende Seele gefunden zu haben«, sagte ich, um das Schweigen zu brechen. »Kann ich was zu trinken haben?«

»Is'n Pub«, knurrte der kleine Mann, ohne sein Putzen zu unterbrechen.

»Ein Bier, bitte, ein Helles.«

Er nickte, stellte das Glas ab und griff nach einem der drei Zapfhähne.

Ich trat an den Tresen und setzte mich auf einen der Barhocker.

»Ich müsste auch mal telefonieren, mein Handy hat hier kein Netz.«

Ein kurzer Ruck seines Schädels auf dem Hals, der

beängstigend laut knackte. An der Wand hing ein alter Münzautomat. Schwarz, schwer, antik.

»Ist kaputt.«

»Mist. Wie komme ich bloß in die nächste Stadt?«, murmelte ich.

Ein Glas, gefüllt bis zum Rand mit einer dünnen Schaumschicht obenauf, tauchte direkt vor meiner Hand auf.

»Danke«, sagte ich.

»Postauto«, entgegnete der Wirt.

»Was?« Auf halbem Weg zu meinem Mund stockte meine Armbewegung.

»Jim. Der Postbote. Kann dich mitnehmen.«

»Oh, klasse. Wann kommt er?« Ich trank. Das Bier war gut, kalt, würzig.

»Morgen.«

»Morgen?«

»Morgen.«

»Aber ...«

»Oben ist ein Zimmer.«

»Ich kann hier übernachten?«

»Zwölf Pfund.«

»Nehmen Sie auch Kreditkarten?«

»Häh?«

»Ähm. Kre-dit-kar-ten? Hab nicht so viel Geld dabei. Pfund, meine ich. Euros hätte ich.«

Der Wirt spuckte neben sich auf den Boden.

Ich blickte an ihm vorbei und bewunderte das vollgestellte Regal oberhalb des Kamins. Hunderte Flaschen versprachen eine angenehme Nachtruhe, tief, ungestört, im alkoholisierten Koma. Die Etiketten waren selten lesbar, was wahrscheinlich an dem flackernden Licht des Torffeuers lag.

Zentral positioniert in einem Fach, ähnlich einer Monstranz in einem offenen Tabernakel, lachte mir eine einfache Flasche entgegen, die eine bernsteinfarbene Flüssigkeit enthielt.

Kein Etikett, keine wie auch immer geartete Beschriftung. Lediglich Glas und eine Verlockung dahinter.

»Ist das ein Hausbrand?«, fragte ich und deutete in Richtung der Flasche.

Der Wirt sah mich unverwandt feindselig an. »Trip beyond«, murmelte er.

»Ihr Pub heißt so«, sagte ich, obwohl meine Bemerkung so überflüssig war wie die Bewegung meines Armes mit dem Bierglas zum Mund. Ich hatte es bereits geleert.

Der Wirt starrte mich eine gefühlte Ewigkeit an, drehte sich und nahm die Flasche aus dem Regal. Er stellte zwei Gläser, Sherrygläsern ähnlich, auf den Tresen und schenkte großzügig ein.

Das eine Glas schob er mir entgegen, nach dem zweiten griff er.

»A trip beyond! Sláinte!« Wie ein Mantra, eine Art

stiles Halleluja, flüsterte er es, blickte mir dabei über den Rand seines Glases in die Augen.

Vorsichtig hob ich meines unter die Nase und schnüffelte. Unter dem strengen Blick des Wirtes wagte ich nicht zu fragen, woran ich gerade roch.

Dann traf mich der Duft und meinen Kopf trieb es zurück wie einen Baum, der von einer Sturmböe getroffen wird. Eine Träne rann aus meinem rechten Auge, während die Aromen meine Nasenflügel blähten und sich durch die Windungen meines Riechorgans prügelten. Ich spürte, wie meine Nebenhöhlen von jeglichem Ballast befreit wurden, und vor meinem geistigen Auge tauchte das Bild einer Massendemonstration von Viren und Bakterien auf, die verzweifelt die weiße Parlamentärsflagge schwenkten, bevor sie tödlich getroffen zu Boden sanken.

»Hach«, entrang sich ein Seufzer meinem Mund. Die Welt wackelte oder mir schwindelte, nicht, dass ich es noch hätte unterscheiden können.

Mein Kopf ruckte zurück. Ich nahm eine zweite Nase voll. »Wow.«

Der Wirt sah mich nunmehr geistesabwesend an. »Octomore«, sagte er.

Ein Wort wie aus einem Traum. Es zerrte mich zurück in die Realität. »Wie bitte?«, fragte ich.

»Octomore. Der Malt. Ist ein Octomore«, nuschelte der Wirt, während er geräuschvoll Luft einsog.

»Ein außerordentliches Getränk«, beeilte ich mich zu sagen, obwohl ich ja noch gar keinen Schluck genommen hatte.

»Stärkster Whisky der Welt. Sláinte!« Er setzte an und trank.

Ich ergab mich in mein Schicksal und tat es ihm gleich.

Die Welt trat einen Schritt zur Seite, schien Platz zu schaffen für einen Blick auf etwas – nun – *anderes*.

Verwundert blickte ich den Wirt an, dessen Ohren spitzer wirkten, sein Lächeln wissend und alt. Das Regal voller Flaschen krümmte sich, die farbigen Flüssigkeiten schwappten fröhlich hin und her. Ich spürte die gewaltige Macht des Octomores in meinem Mund und in der Kehle. Die Zunge, die einst meine war, jubilierte. Geschmacksexplosionen wie ein buntes Feuerwerk. Am Rande zuckte sie. Ständig lief mir Wasser im Mund zusammen, sammelte sich und sobald ich schluckte, feuerte der Malt einen weiteren Impuls, der mich beinahe zum Weinen brachte. So gut ging es mir.

»Toll«, lallte ich, denn meine Zunge gehorchte mir nicht mehr.

»Stärkster Whisky der Welt?«

»Trip beyond«, murmelte der Wirt im Kanon.

»Wo wird so was hergestellt?«, fragte ich.

»Willste wissen?« Sein Lächeln wirkte spitzbübisch, fast gemein.

Ich nickte nur, erholte mich von dem zweiten Schluck, der die Umgebung noch bunter färbte. Seltsam weich wallte der Boden unter meinen Füßen. Die wenigen Haare des Wirtes begannen grünlich zu leuchten und aus irgendeinem Grund schien sich sein weißes Hemd von alleine aufzuknöpfen.

»Octomore. Wow! Was für ein Wort«, bekannte ich.

»A trip beyond«, ergänzte mein Gegenüber und deutete auf mein Glas, das sich auf wundersame Weise gefüllt hatte.

Der Griff, das Heben, das An-die-Lippen-Setzen und ein weiterer Schluck. Für mich die natürlichste Sache der Welt und ein selbstverständlicher Schritt in die Unendlichkeit des Paradieses.

Der Wirt lächelte und winkte. In der rechten Wand neben dem Kamin öffnete er eine Tür, die mir bislang nicht aufgefallen war. Er trat in den Rahmen, wandte sich um und nickte mir zu.

Also nahm ich das Glas – war es schon wieder voll? – und folgte ihm in einen schmalen Gang, dessen unverputzte Wände den Charme eines mittelalterlichen Verlieses verströmten. Es stank nach Katzenpisse. Ich schnupperte am Glas und der liebliche Octomore half mir olfat... olta... – »gleich hab ich's« – olfaktorisch auf andere Gedanken zu kommen. Der Duft der Heide, gemischt mit Meerwasser und Torf, komplimentierte die unangenehmen Gerüche hinaus.

Ich lächelte.

»Hier lang«, sagte der Wirt, der sich im Gegensatz zu mir nicht bücken musste. Immer tiefer senkte sich die Decke. Dann endlich endete der Gang abrupt an einer Holztür, die in den Angeln quietschte, als der Wirt sie aufzog. Ein Schwall kühler Luft ließ mich schwanken.

Dagegen setzte ich einen weiteren Schluck ein. Er wirkte prompt.

Wir traten hinaus ins Freie.

»Wohin geht's?« Lallte ich etwa? Nein. Ich schüttelte den Kopf und hielt mich an einer Nebelbank fest, bis die Welt wieder Stabilität erlangte.

»Sind gleich da.«

Ich folgte dem Wirt, dessen Ohren nun eindeutig spitz zuliefen. Er hatte etwas Zwergenhaftes an sich, oder Elfenartiges? Ich konnte es nicht einordnen.

Er winkte mir wieder zu.

Ich beeilte mich. Aus meinem Atem wurden kleine Wolken. Wir standen in einer Höhle. Wo ich jedoch Stein erwartete, schmückte gediegenes Holz die kahlen Wände, wo ich Felsbrocken, Stalaktiten und Stalagmiten vermutet hätte, standen zwei Hocker vor einem einladenden Tresen, und unter meinen Füßen knarzte Holzparkett.

»Komm. Trink mit mir«, lud mich der Wirt ein, der – wie von Zauberhand dorthin befördert – hinter dem Tresen lächelte.

»Was? Wie?«

»A trip beyond. Dies ist mein Pub. Dies ist mein Whisky.«

Ein Schleier bildete sich über meinem gefüllten Glas.

»Woher *bessiehen* Sie den Octomore?«

»Von genau hier!«

Er deutete nach links, wo eine Öffnung in der Wand gähnte und den Blick auf einen gewaltig großen Raum freigab. Ich registrierte zwei kupferne Pot Stills, deren Hälse in elegant geschwungener Form unter der Decke verliefen.

Erschöpft von all der Schönheit, rieb ich mir die Augen, denn was ich noch sah, war unmöglich.

»Das sind ...«, begann ich, nur um mir den Mund mit Whisky zu füllen, damit ich den Unsinn nicht aussprach, der auf meiner Zunge lag. Nachdem die Genuss-Explosion verschwunden war, sprach ich meine Frage jedoch aus: »Sind das Kobolde?«

In der Höhle wuselten in Grün und Braun gekleidete Männlein. Alle mit Mütze und – soweit ich es sehen konnte – mit spitz zulaufenden Ohren.

Der Wirt lächelte mich an. »Dies wäre wirklich verrückt, nicht wahr?« Er hob die Hand und sein Gruß wurde von einem der Winzlinge erwidert.

»Das ist Seamus. Er ist der Brennmeister.«

»Was?«

»Nun, Fremder ... Ich werde dir nun ein Geheimnis

verraten.« Er beugte sich verschwörerisch über den Tresen, was mich wunderte, wo der Wirt so klein und der Tresen so hoch war.

Wir tranken beide einen Schluck und leise ertönte ein Gesang wie von Engeln. Schließlich sagte der Wirt: »Schon seit Jahrhunderten wird Whisky auf althergebrachte Weise produziert. Aber hast du dich noch nie gefragt, warum er so gut ist? Worin sein Geheimnis besteht?«

Ich nickte.

»Nun, du erhältst viele Antworten, wenn du diese Frage stellst. Das Wasser, die Gerste, der Torf, das Fass, die Luft, die lange Lagerung, die Liebe der Menschen. Alles Blödsinn! Es ist das kleine Volk.«

»D's kleine Volk?«

»Ja, seit Jahrtausenden Ureinwohner Schottlands und Irlands. Sie dulden die Menschen nur auf ihrem Land. Niemand besetzt ihr Land ohne ihr Einverständnis. Sie leben lange. So viel länger als ein Mensch. Deshalb verfügen sie über Wissen und Erfahrung. Nur mit ihrer Hilfe wird aus unscheinbaren Komponenten dieses Wunder.«

Er hielt sein Glas hoch. Wir stießen an.

Ein Ton, so hell und klar wie schottisches Quellwasser, füllte den Raum mit angenehmer Kühle. Der Octomore in meiner Kehle aber entfachte eine enorme Hitze.

Ich deutete auf die spitzen Ohren des Wirtes. »Un'
du? Bissu auch einer vom kleinen Volk?«

Er nickte. »Sláinte«, prostete er mir zu, doch der
dichte schottische Nebel ließ die Umrisse seines Kopfes
undeutlich werden. Die Konturen verschwammen immer mehr. Ich kniff die Augen zusammen, doch statt
schärfer wurden sie nur dunkler. Und dunkler. Und
schwarz.

Aber es duftete wunderbar.

»Hey. Hey!«

Eine Stimme.

»Ja. So ist's gut. Augen auf und offen halten.«

Nur eine Stimme in der Dunkelheit.

»Hey, Mister. Bleiben Sie bei mir.«

Langsam Licht. Schwarz, grau, weiß. Schmerzen.

»Oah«, hörte ich eine Stimme und daneben ein Echo.

»Na? Besser?«

Ich versuchte meine Augen zu fokussieren, aber außer einem hellen Fleck mit mehreren dunklen darin erkannte ich nichts.

Jemand schien sich über mich zu beugen.

»Wo bin ich?« Wieder die Stimme, die meine sein
musste. Sie erzeugte auch das Echo in meinem Schädel.

»Wer sind Sie?«, fragte der helle Fleck zurück.

»Ich?« Irgendwo in meinem Hirn spielte mein Name
Verstecken. »Ich hatte eine Autopanne.«

»Ah. Der blaue Kleinwagen.«

»Blau? Ja, wenn Sie meinen. Ich suchte ein Telefon.«

»Und wie kamen Sie dann hierhin?«

»Zu Fuß.«

»Schon klar, Mister. Ich meinte, wieso Sie sich mitten auf die Straße legen, um ein Schläfchen zu machen.«

»Was?« Ich sah mich um. Soweit ich es beurteilen konnte, meldeten meine Augen wieder korrekt, wie meine Umwelt aussah. Doch was ich erblickte, ließ mich daran zweifeln.

Im Licht der schottischen Morgensonne saß ich auf einer Single-Traffic-Road. Neben mir hockte ein Polizist in Uniform, dahinter sah ich seinen Dienstwagen, dessen Leuchten blinkten.

»Wo ist der Pub?«

»Welcher Pub?«

»Ich trank Octomore.«

»Was ist ein Octomore?«

»Ein Whisky.«

»Ich bin Antialkoholiker«, sagte der Polizist und half mir hoch.

»Ich war gestern Abend in einem Pub und trank mit dem Wirt ein paar Gläser. Dann führte er mich in den hinteren Bereich. In eine Höhle. Da gab es noch eine Bar und eine Destille.«

»Soso.« Der Polizist schmunzelte.

»Ja! Und da waren Leute des kleinen Volkes, die

brannten frischen Octomore.« In diesem Moment wurde mir erst bewusst, was ich da plapperte.

»Jetzt noch den Namen des Wirtes?«

Ich überlegte kurz und sagte: »Er nannte ihn nicht.«

»Gut. Also! Sie hatten eine Panne, dann sind Sie zu Fuß weiter, weil Ihr Mobile Phone ...«, er deutete auf meine rechte Hand, »keinen Empfang hatte?«

Ich klappte es auf. Das Display zeigte klare vier Striche.

»Dann fanden Sie den Pub, gingen hinein, wollten telefonieren, tranken stattdessen einen Whisky, wahrscheinlich mehrere, folgten dem namenlosen Wirt in seine geheime Höhle, in der er Octopus brannte. Ist das so?«

»Octomore.«

»Was auch immer. Jetzt nenne ich Ihnen den Namen des Pubs. Wollen wir?«

Ich sah den Polizisten irritiert an.

»Es war *Ye olde trip beyond*, nicht wahr?«

»Woher ...?«

»Mann. Kommen Sie mit. Ich bringe Sie mit meinem Wagen zum nächsten Krankenhaus. Dort werden wir Sie schon ausnüchtern.«

Willenlos ließ ich mich zum Polizeiauto führen. »Aber ...«, begann ich schwächlich.

»Das da!«, sagte der Beamte und deutete auf die Ruine eines Hauses am Straßenrand.

Ich sah nur noch die Grundmauern, die von Gras und Sträuchern überwachsen waren.

»Das war mal der Pub. Vor mehr als hundert Jahren. Die Sage geht folgendermaßen weiter: Der Wirt lockte harmlose Wanderer hinein, machte sie mit Alkohol willenlos und ließ sie dann in seiner Brennerei schuften.«

»Ja, aber ...«

»Nichts aber. Wir sind in Schottland. Jeder fabuliert in den Highlands. Sobald der Alkohol fließt, sprudeln auch die alten Geschichten. Werden bunter und geheimnisvoller, insbesondere, da man sie Fremden erzählen kann. Tatsache ist, dass diese Fabel früher den Kindern erzählt wurde, wenn mal wieder ein Mann sich seiner Verantwortung nicht stellen wollte und abgehauen war. Eine nette Gutenachtgeschichte. Man hat sie Ihnen untergejubelt, in irgendeinem Pub, und Sie haben wohl im Alkoholwahn Ihr Auto in den Graben gesetzt. Punkt. Und jetzt steigen Sie schon ein.«

Ich hörte das Klacken der zufallenden Autotür und starrte zum Fenster hinaus.

Der Motor sprang an und der Wagen setzte sich holpernd in Bewegung.

Oberhalb der Ruine im Hang, winkten mehrere kleine Männlein, in Grün und Braun gekleidet. Und ich glaubte auch, einen Zwerg im weißen Hemd darunter erkennen zu können.

In meinem Mund begann es. Der Geschmack des Meeres, des Torfes, von klarem Wasser, kräftigem Holz und einem gewaltigen Brocken Magie dehnte sich aus und füllte mein ganzes Sein mit Wohlbehagen.

Ich schluckte, lehnte mich zurück und schloss die Augen.

Die Autoren

HOLGER BODAG

Geboren 1968 in Bielefeld, Geographie- und Politikstudium in Braunschweig. Tätig als Softwareentwickler und Unternehmensberater, zur Zeit Referent in einem Bundesministerium und freier Autor.

ANGELIKA BROX

Angelika Brox lebt als Autorin und Lektorin mit ihrem Freund in der schönen Stadt Münster. Sie ist Mitglied im 42erAutoren e.V. Mehrere ihrer Kurzgeschichten wurden in Anthologien und Zeitschriften veröffentlicht.

GUDRUN BÜCHLER

1967 in Mödling bei Wien geboren. 2004 nach erfolgreicher Karriere aus der Wirtschaft ausgestiegen, um zu schreiben. 2009 die Leondinger Akademie für Literatur abgeschlossen, veröffentlicht in zahlreichen Anthologien und Literaturzeitschriften und gefördert durch das Österreichische Bundesministerium für Unterricht, Kunst und Kultur. Im April 2014 erscheint der erste Roman im österreichischen Septime Verlag.
WWW.SEPTIME-VERLAG.AT

GABY CADERA

1967 in Dortmund geboren und noch immer dort sesshaft. Mann, zwei Kinder und Kampfkatzen bereichern ihr Leben – Langeweile ist ein Fremdwort! Als ausgebildete Zahntechnikerin arbeitete sie im Dentalvertrieb, nach 17 Jahren Wiedereinstieg ins Handwerk. Nebenbei tätigt sie Büroarbeiten im familieneigenen Taxiunternehmen.

ARNO ENDLER

Jahrgang 1965, glücklich verheiratet und Vater zweier Kinder. Außer dem Schreiben gehört insbesondere das Lesen zu seinen Leidenschaften. Seit dem Jahr 2006 schreibt er in seiner Freizeit Kurzgeschichten, von denen mehrere in Anthologien verschiedener Verlage veröffentlicht wurden.
WWW.ARNOENDLER.DE

OLGA FELICIS

Geboren 1966 in Amsterdam. Die Musikerin und freie Autorin lebt in den Nordtiroler Kalkalpen. Sie liebt roten Mohn, blaue Stunden und schwarzen Humor.

KAREN GROL

Geboren 1964 in Westfalen. Geografisch zog es sie über Berlin und Freiburg bis nach Heilbronn. Sie ist Dipl. Ingeneurin, arbeitet als SAP-Consultant und ist Verlegerin von STORIES & FRIENDS.

THOMAS HOCKE

1965 in Saarbrücken geboren, im Saarland aufgewachsen, studiert und selbstständig gewesen, von 2005 bis 2007 in Österreich, seitdem in Berlin im Facility Management. Schreibend seit 2001, seitdem eine bis zwei Veröffentlichungen pro Jahr, erster Gipfel der Aktivität in 2004 mit zwei prämierten Texten, nach ruhigeren Jahren seit 2008 wieder zunehmende Schreiblust.

MICHAEL HÖFLER

1971 in München geboren, konnte er seine Geburtsurkunde nicht lesen. Hat schon früh gerne geschrieben, wurde von der Muse aber erst um 1999 heftig geküsst. Seitdem zwei Gedichtbände, Kurzgeschichten, kleine Texte im Satiremagazin Titanic publiziert, arbeitet an Romanprojekten. Vorsitzender der 42erAutoren e.V., lebt in Dresden.
WWW.MICHAELHOEFLER.DE

REINHART HUMMEL

Am eidgenössischen Ufer des Bodensees, in Güttingen, dort, wo der Blick nach Deutschland weit ist, entstehen kurze Geschichten und lange Romane und Skulpturen und Figuren und Bilder, falls er nicht gerade seiner Hauptaufgabe, der Leitung einer Pflegeorganisation, nachgeht oder mit seiner verrückten Hündin unterwegs ist.
WWW.REINHART-HUMMEL.CH

ANGELA HÜSGEN

Geboren 1955 in Berlin. Sie ist verheiratet, hat zwei Kinder und arbeitet als Dozentin in der Erwachsenenbildung, u. a. leitet sie Schreibgruppen. Sie begegnet den Widrigkeiten des Lebens mit Humor und bringt diesen nach Kräften in ihre Seminare und Geschichten ein. Veröffentlichungen in Anthologie. Sie ist Mitglied bei den Mörderischen Schwestern.

BERND KÜHN

Geboren 1947, Dipl.-Sozialpädagoge und Lehrer für geistig behinderte Kinder und Jugendliche.

ARMENA KÜHNE

Geboren in Baden bei Wien, aufgewachsen in Bayern. Später Abstecher nach Bremen und Heidelberg. Rückkehr nach Bayern. Ein Haus, zwei Töchter und ein

Husky als Ausgleich für den Beruf als Polizeiangestellte. Tauchen gehört neben dem Schreiben zu den Lieblingsbeschäftigungen. Veröffentlichungen in Anthologien und Zeitungen.

DEGENHARD LANGNER

Geboren 1957 in Schlesien und aufgewachsen in Neubeckum, wo er mit seiner Frau und zwei Kindern lebt. Er arbeitet als CAD-Konstrukteur, doch in seiner Freizeit bevorzugt er die künstlerische Variante des Zeichnens. Lieblingsdisziplin sind stets die Comics. Ein Fernstudium zum Werbegrafiker und Designer öffnet neue Horizonte.

SVEN CHRISTIAN LENNARD

Geboren 1971 in Südhessen, wo er heute noch zusammen mit seiner Frau lebt. Seit über 10 Jahren schreibt er Kurzgeschichten, von denen einige in Anthologien veröffentlicht wurden. Er ist im virtuellen Autorenkreis *Projekt Phönix* aktiv, der sich vor allem der phantastischen und historischen Literatur verschrieben hat.

MARKUS NIEBIOS

Jahrgang 1968, beackert das weite Feld der Phantastik, mit Ausflügen in humoristische Abgründe und dystopische Welten, und einer Vorliebe für Plots, in denen die Subjektivität von Wirklichkeit und Wahnsinn zutage tritt. So gesehen, verdient er sein Geld in einem Traumberuf. Er leitet einen Seniorentreff. Aktueller Roman: *Kopflos im Kofferraum*. WWW.NIEBIOS.DE

KAI RIEDEMANN

Geboren 1957 in Elmshorn Studium der Germanistik und Allgemeinen Sprachwissenschaft in Hamburg, Dissertation über die Comic-Strip-Serie Peanuts. Tätig als Redakteur bei einer TV-Zeitschrift. Veröffentlichung von

Science-Fiction, Fantasy, Kurzkrimis und Kindergeschichten sowie Beiträge für Kabarett und Kindertheater Lebt seit 20 Jahren in Hamburg.

ELKE SCHLEICH

Geboren 1953 in Gelsenkirchen. Lebt heute mit Ehemann und Katze in Westerholt. Tätig als Sekretärin. Roman bei Droemer/Knaur, zahlreiche Kurzgeschichten in Anthologien und Illustrierten. Eigene Buchprojekte als Co-Herausgeberin. *Gummitwist in Schalke-Nord* 2012 bei STORIES & FRIENDS erschienen sowie 2013 *Ein Lied für dich* als E-Book Serie.
WWW.DREAMTEAM-SCHLEICH-DITTMANN.DE

BORIS SCHNEIDER

Jahrgang 1971, stammt aus Burbach im Siegerland. Studium der Biochemie an der Uni Bayreuth. Promotion an der Uni Würzburg. Derzeit in München tätig. Lebt in Buchloe im schönen Allgäu. Glücklich verheiratet und zweifacher Vater. Zahlreiche Veröffentlichungen in Anthologien. Sein neuer Tierroman *Mauszeiten* ist 2013 erschienen.

INKEN WEIAND

Geboren und aufgewachsen in Wuppertal, lebt mittlerweile mit Familie bei Bad Münstereifel. Seit dem Herbst 2006 diverse Veröffentlichungen. Bei STORIES & FRIENDS erschien ihr Erzählband *Liebesgrün*.

LISA WEICHART

Geboren 1964 in Regensburg. Ihre steinerne Stadt gibt ihr noch heute Mut. Der Glaube an die Kraft der Sprache schenkt ihr Flügel dazu. Ihre persönliche Weisheit: »Den Glücklichen trägt ein Zauber durchs Leben.« So hat sie in der Mitte ihres Daseins ein neues Leben begonnen, in dem sie sich die Freiheit zum Schreiben nimmt: Als Mutter von drei Kindern in einer immer bunter werdenden Welt. Ihr Debütroman *Wolkenfisch oder: Theas Sehnsucht* ist 2014 bei STORIES & FRIENDS erschienen.

FENNA WILLIAMS

Jahrgang 1956, lebt und arbeitet als freie Autorin in Wiesbaden. Sie studierte kreatives Schreiben in Berlin, Seattle und London und schreibt Drehbücher und Kurzgeschichten. Sie ist Teil der Autorenduos Auerbach & Keller und Initiatorin der erfolgreichen Krimireihe um die Haushüterin Pippa Bolle. Ihre lebenslange Passion gilt Shakespeare und einem guten Glas Single Malt Whisky.

PETER WOBBE

Peter Wobbe hängte nach einem Vierteljahrhundert seine Spedition an den Nagel, um künstlerische Objekte im Bereich Innen- und Außendesign herzustellen.

MICHAEL ZEIDLER

Studierte Biologie an der FU Berlin und zog 1999 nach Michigan, USA. An der University of Michigan arbeitet er als Molekularbiologe. Bei STORIES & FRIENDS erschien sein Jugendroman *Abenteuer mit Archimedes und Pythagoras.*